# 手軽に楽しむ
# 苔園芸
# コツのコツ

苔玉・苔鉢盆栽・苔盆景・木付け・石付け・テラリウム・苔庭

農文協 編

農文協

# 自然の温もり苔
## 時がたつにつれ味わいが深くなってくる

3坪ほどの庭隅につくった苔庭。凛とした静けさに誘う…
（撮影協力：白井温紀）

15年以上植えたまま育て続け、苔が盛り上がった極小鉢。せせらぎのすきまなどに生える宿根草のダイモンジソウは毎年晩秋に白い花をつけ、苔山に映えます。

# 苔玉

山野草や小さな樹木を寄せ植えし、そのまわりを苔の緑でくるんだ可愛い苔玉。上手に育てれば、何年でも四季の風情を奏でてくれます。苔玉には、軍手苔玉、ミズゴケ苔玉、ケト土苔玉など、つくり方はいろいろありますが、とても簡単です。（四二―五一ページ参照）

わずか10㎝足らずの苔玉から、草丈50㎝を超える高さに生長したアキノキリンソウとヤマラッキョウ。垂れたクラマゴケが根元を引き締めています。

園芸店の店頭でもよく見られるハゼの寄せ植え素材を苔玉に。
受け皿によって風情も一変します。

ミニ観葉植物でも人気のパキラ。盆栽風の幹の曲がりに惹かれ、近くで採取した地苔のアオギヌゴケを用いて南国の小島に変身。

ホタルブクロの矮性種・屋久島ホタルブクロの苔玉。飾り台は粉引きの三足陶板。背後はアルミ台にのせた山苔の苔玉。

# 苔鉢盆栽

好みの器に草木を植え、苔をこんもりと張りつけた苔鉢。苔玉より苔を育てやすく、年月を重ねるにつれて苔は盛り上がり、草木はコンパクトで可憐な姿になってきます。

器もちょっと工夫して、野趣あふれる景観を演出しましょう。

（五二ー五九ページ参照）

起伏をつけてつくった苔山に咲き乱れるノギク。実生のヒメオトギリソウは苔に這うように育ち、晩秋にはダイモンジソウが彩りを添えます。

水辺や湿地に生えるアカマンマによく似たヒメイヌタデ。いつの間にか一年草のヒデリコのタネが飛び込みすくすく育っています。秋はもうすぐ。

晩秋から冬に茶褐色のサク柄が林立するタマゴケ。紅葉している葉はヒメツキミソウ。冬の苔鉢も魅力がいっぱい。

# 苔盆景

山紫水明の景観を、平鉢や石板などに写し取った苔盆景。苔だけでも美しく、ミニ盆栽や山野草をあつらえればいっそう自然美が深まります。見つめていると、小人になって苔むらを飛び歩きたい気分になります。（六〇–六九ページ参照）

苔の草原に春を告げるオダマキ。数日後には清楚な花が開きます。ヒメツキミソウの葉にも緑が増してきました。鞍馬石は苔盆栽・苔盆景ともに最適な器です。

平鉢に起伏をつけて用土を盛ってから苔を張り、間もなく紅葉を迎えるハゼをメインに植え、五重の塔や橋の小物を添えてのどかな里山の景色に。

広い浅鉢に起伏をつけて植えたスナゴケ。苔だけの盆景も風情があり、初冬から早秋に黒いサクをつけた柄が立つ姿も素敵です。乾燥を好むスナゴケは住宅地にもよく生えており、栽培も手軽です。

# 苔庭

落葉樹を植えた自然風の里山ガーデンを楽しむ方が増えています。苔庭はそんな木漏れ日が漏れる樹下が最適です。苔庭にすると庭木も一段とグレードアップします。また、多少日当たりの悪い狭い庭でも、苔庭なら問題ありません。

一年目は水やりなどの管理が必要ですが、定着すればほとんど水やりも必要ありません。

（七四―八二ページ参照）

隣家が隣接した少し日当たりの悪い場所につくった苔庭。コスギゴケの中に日陰でも育つツワブキを植えました。

循環式の池の流水が湿気を運び、苔が庭石を覆うように繁茂しています。

板石で舗装した通路脇のモミジの樹下につくった１坪苔庭。
日陰でも育つシダが苔のジュウタンに映えます。

アプローチに沿って盛り土し、シャラなどの落葉樹の樹下にスギゴケを一面に張った苔庭。
快適空間となった苔ジュウタンを、アツモリソウ、エビネ、ホタルブクロなどの山野草が
四季を彩ります。（撮影協力：白井温紀）

# 木や石に苔をつける

霧が立ちこめる深山幽谷で長い歳月をかけてできた苔むした岩や苔に覆われた倒木。そんなイメージでつくってみましょう。
石や流木のくぼみのない部分は乾きやすいので、定着するまではこまめに水やりしたり、保湿容器で育てると意外に楽しめます。

（六五―六六ページ参照）

里山で拾った倒木片にハイゴケなどを糸で巻いて固定し、頂部に育てやすいアオギヌゴケを張り、くぼみにスギゴケやスナゴケのほか、クラマゴケやツルソバなど身近な野草を植え、水盤に飾って安らぎの里の風情を……

# 苔のテラリウム

透明のガラス容器の中に植物を植えるテラリウム。植物全体が容器に覆われているので外の環境に影響されにくく、湿度がよく保たれるので苔にはピッタリです。用土が湿っていれば霧吹きの必要はありません。

（七二ページ参照）

耐寒性のあるプリムラ（アクエリアス）とラミュウムピンク（ピーコンシルバー）を植え、ハイゴケを張り、小石を添えました。植物が日当たりを好むので窓辺のレースのカーテン越しで楽しみ、時々風通しの良い室外に出します。

# まえがき

路傍の片隅、小川の岸辺、雑木林の林縁や樹下など身近にさりげなく生えている苔。そんな苔をちょっとわが家の庭やベランダに招いてみませんか。上手に育てれば、春夏秋冬変わらぬ緑が、あわただしい乾いた心を潤してくれます。

湖底に人知れずたたずむマリモのような可愛らしい苔玉、小さな野草や樹木を苔の中に植えて苔鉢盆栽、浅い平鉢に山河を写し取った苔盆景や石付き・木付き盆景、ガラスの容器に入れたテラリウム、苔の毛皮に覆われたトピアリー、庭の一隅の樹下で深山幽谷の静けさを醸す苔庭などなど、楽しみ方もいろいろです。

苔のジュウタンの中に草木を寄せ植えすると、草木が見違えるほど潤い引き立ってきます。苔は太古から、花を咲かせ実を結ぶ草木のゆりかごだったからでしょう。でも、苔には養分や水分を吸収する根がないので、ほかの植物とは暮らしがちょっと違います。本書では、誰もが苔の身になって上手に育てられるよう、苔の暮らし方からつくり方、育て方のコツのコツをわかりやすく紹介しました。

発刊にあたり、ご指導をいただいた手塚直人さん、苔玉・苔鉢をご指導していただいた岡田雅善さんに厚く御礼申し上げます。

農文協　編集局

本書は『苔園芸コツのコツ』（農文協刊）を改題し、判型を大きくして発行したものです。

もくじ

## 2章 苔園芸の楽しみ方 41

## 3章 四季の苔園芸作業――手塚直人 83



**●撮影**
赤松富仁
手塚直人
岡田雅善
條 克己
**●イラスト**
中村章伯
**●撮影協力**
（五十音順）
大久保芳子
岡田文夫
ギャラリー凛
（東京・亀戸）
白井温紀
西山伊三郎
㈲モス・プラン
Yショップ吉川団地東店
（市川芳夫）
**●DTP協力**
中島 満
**●レイアウト**
條 克己

# ①章 苔園芸ガイダンス

# 1 苔園芸の魅力

## 狭い庭やベランダでも楽しめる苔園芸

　窓辺に置いた手のひらに乗るほどの小さな苔玉。あわただしく過ぎる時間のほんのひととき、ちょっと手を止め見つめていると、静寂な森の中にいるようなゆったりとした気分になります。草花のように茎葉がすくすく生長するわけではなく、きれいな花が咲くわけでもないのに…。

　京都の西芳寺や桂離宮の苔庭など、苔は昔からしっとりとした自然景観の日本庭園には無くてはならない植物です。最近のガーデニングでも、ひところの草花中心の庭から、落葉樹などの樹下に山野草を植えた和洋折衷の庭が人気です。苔は草花のように大きくならず、小さいままいつまでもグリーンでいてくれるので、庭木の樹下や通路の縁、のべ段のすきまなど、利用されずに空いているちょっとした場所にも植えられます。庭は狭くとも、また多少日陰でも楽しめます。苔を植えると、まわりの庭木や草花だけでなく、庭石も生き生きと風格が増してくるから不思議です。

　また、苔は古くから盆栽や山河の風景を写した盆景など、鉢の中に自然の景観を移しとる鉢園芸には重要な脇役を果たしてきました。小さく群生する苔は主役の木や石、山野草を引き立たせ、深山幽谷や広々した草原の風情が醸し出されます。

　最近では盆栽の根洗い*の手法を応用した、可愛い苔玉にも人気が高まっています。ベランダなどちょっと

食器を受け皿代わりに用いて飾った苔玉。頂部の草（ハコネショウマ）が終わった後も苔の自然な緑が彩りを添えます

＊根洗い…盆栽を鉢から抜き、根鉢にケト土を塗って苔を張り、水盤などで観賞する方法。

した日の当たる場所があれば育てることができ、窓辺や飾り棚、食卓の上に置いて室内園芸としても観賞できます。また、苔は空中湿度を好むので、ガラスの透明容器などで育てるテラリウムは合っています。

## 身近にさりげなく生え、のんびり長生きする苔

苔は高山や深山幽谷に行かなくとも、私たちのごく

街角にさりげなく生える苔

身近な場所に生えています。小さく変化も少ないので普段は気づきにくいのですが、視線を低くしてみれば、歩道の縁やブロックを並べたすきま、ブロック塀のすそ、石垣、川の縁や土手、公園など樹木の下や斜面、木の幹や岩の上など、本当に身近なところで見つけることができます。「あっ、こんなところにも生えている」、一度発見すると、そこを通るたびに気になって目が止まるようになり、なぜかほっとした気持ちになります。

こんな身近な苔を、ほんの少し自然からおすそ分けしていただき、小さな苔玉をつくったり苔鉢に移して楽しむことができるのも、苔園芸の魅力です。

群生している苔をよく見ると、丘のようにこんもりと起伏ができています。苔は環境さえ良ければいつまでも枯れることなく、少しずつ増え、広がっていきます。こんもりと起伏ができるのは、何年も生き続け、古い茎や葉が枯れてたまり土となったからです。

身近から手軽に採取でき、上手に管理すれば五年でも一〇年でも枯れずに、私たちを見つめてくれます。野性的なのにのんびり屋さん、これも苔園芸の魅力です。

# 2 知ってほしい苔の育ち方

## 根がなく茎葉から養分・水分を吸って生きている

「苔玉ができたときは青々として“すてき”と思ったのに、しだいに色あせ、黒くなって枯れてしまった、なぜですか？水もこまめにやっていたのに」

こんな失敗が多いのは、草花とはちょっと育ち方が違うこと、そして誤解が多いことが原因です。

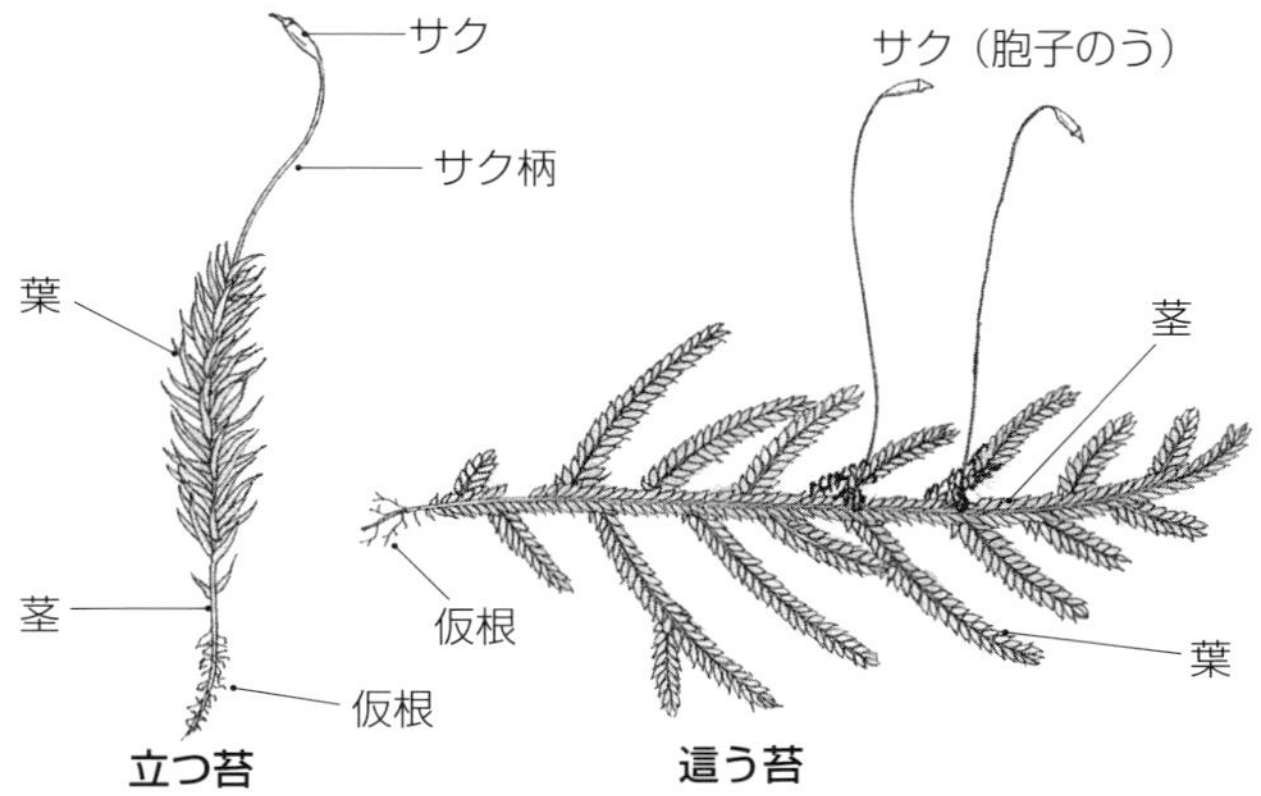

苔（セン類）の形

仮根が多くからんでいるタチゴケ（左）とスギゴケ

苔には養分や水分を吸収し茎葉に送る根がありません。三三〜四〇ページの主な苔の写真を見ても、草花のような太い根がありません。土の中の茎から細くて短い根がたくさん出ている種類もありますが、これは主に茎葉を支え固定している仮根といわれるもので、草花や木の根のように水や肥料分を吸って茎葉に運ぶ能力はほとんどありません。

比較的太い茎をもつスギゴケやコウヤノマンネングサなどは、多少は地中の水分を吸い上げる力があるようですが、どんな苔も、葉や茎についた朝露や雨、空気中の水分を直接吸収しています。ですから、苔の用土に肥料を施してもむだなばかりか、肥焼けしたり、雑菌が増えて枯らすだけです。苔は雨や朝露、空気中の水分に溶けているごく薄い濃度の肥料分を、水分と一緒に茎葉から吸収しています。

このような機能をもつ苔の茎葉は、養水分を非常に吸収しやすい構造になっています。苔が大気汚染の指標となっているのは、有害物質が空気に混じっていると、そのまま茎葉に取り込まれて枯れてしまうからで

①30分間日に当ててしおれたスナゴケ
②霧吹きで水をかけると
③見る見るうちに立ち上がり 3 分で蘇生

す。山野に生えていた苔が、排気ガスで汚れた都会では育ちにくいのは、それが原因かもしれません。

### しおれは苔の休息時間

苔は乾燥状態になると取り入れた水分がどんどん蒸発し、しおれてしまいます。そのため、苔は土が十分に湿っていても、日当たりが強すぎたり、風が強かったりして空気が乾燥し、湿度が低くなると見る間にしおれてしまいます。

しかし、しおれているからといって、すぐに水をかける必要はありません。苔はほかの植物と違い、カラカラに乾いても枯れません。休眠状態になっているだけで、水をかけると見る間に葉が膨らみ立ち上がってきます。日当たりに強いスギゴケやギンゴケなどは、日中カンカン照りでも平気です。

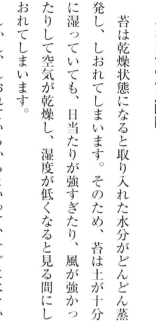

苔はしおれて休眠状態になることによって乾燥した環境にも耐え、再び好適な環境になると水を吸って生き返る術を身につけています。むしろしおれて休んでいるのかもしれません。苔の種類や環境にもよりますが、たいていはカラカラに乾いても数カ月は生きています。乾燥した苔も売られています。

畑で直射日光を浴びて育つスギゴケ
（モス・プラン農場）

### 苔は朝露の降りる場所に植えろ

「苔は朝露の降りる場所に植えろ」という名言があります。朝露は夜間に土から上がった水蒸気が朝方に冷えた大気に冷やされて、水滴になったものです。朝露が降りるところは、大地や草木からよく水分が蒸発し湿度が高く、夜間に大気が冷える場所です。木の下でも地面から高さ一・五メートル以上の空間がないと朝露はあまり降りません。

苔はこの朝露と湿度を吸って茎葉を開き、弱い朝日を浴びて光合成を盛んにしているのです。日中は気温も上がり湿度も低くなるので、葉をしおれさせて光合成を休む、これが苔の一日のリズムです。光はこの水分吸収ができる朝方の弱い日射しが重要なのです。これが、苔が半日陰を好むといわれる理由のようです。

### 失敗の原因は日照不足、蒸れ、過湿・過乾の繰り返し

苔というと、「じめじめした日陰を好むもの」と思っている方が少なくありません。しかし、それが苔の栽培で失敗する大きな原因です。

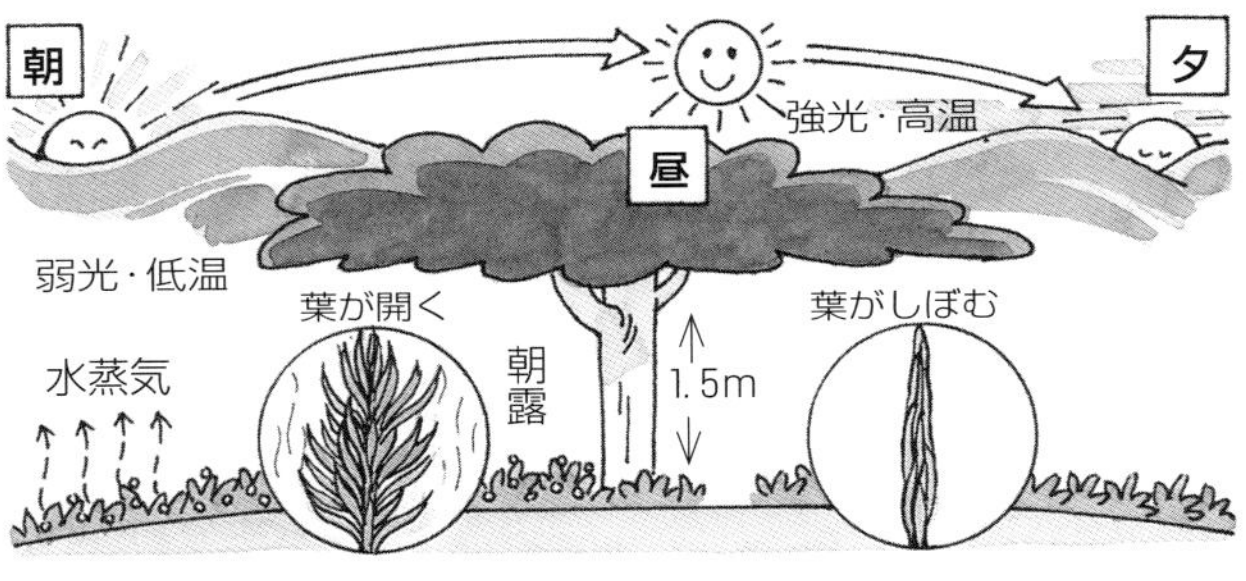

朝
昼
夕
強光・高温
弱光・低温
葉が開く
葉がしぼむ
水蒸気
朝露
1.5m


苔は朝日・朝霧で育つ

②蒸れ枯れ
夏の高温
白くなる
日中の水やり
①光不足
黒褐色になる
室内に入れたまま
③過湿・過乾燥の繰り返し
過湿
乾燥
風
はがれて黒褐色に
苔は高温、日光不足、環境の急変に弱いんです


苔園芸の失敗の原因

苔の種類によって好む湿度や日当たりの程度に違いがあります。苔の多くは、水はけが良い斜面や岩場、木漏れ日がもれる半日陰に生えています。薄暗い林内や草丈の高い草木が一面に生い茂った場所には生えていません。失敗の原因の第一は日照不足です。

苔はほかの植物と同じく、太陽の光を浴びて光合成をして、同化養分（デンプン・糖）をつくって自活しています。光がないと生きてはいけません。ただ、草花と違うことは、あまり強い光は必要ないこと、光があっても乾燥していると光合成ができないことです。室内は思った以上に暗く、また乾燥しているので、置きっぱなしにして観賞していると、栄養失調となってしだいに元気がなくなり枯れてしまうのです。

失敗の原因の第二、高温多湿による蒸れ枯れです。苔は寒さに強く、ギンゴケは南極や富士山の頂上でも生えていますが、多湿状態での高温（日中）は苦手（弱い）です。強い光が当たり高温になるときは、しおれて葉を閉じていたいのに、多湿だと無理やり水分を吸わされて休眠できず、しかも吸った水分の温度が上がると茎葉が湯だって蒸れ、見る間に白くなって枯れて

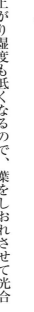

しまいます。高温・強光の日中の水やりは、百害あって一利なしです。真夏はやや乾燥気味に育てたほうがよいのです。苔のなかでも日陰・乾燥気味を好む山苔(アラハシラガゴケ、ホソバオキナゴケ)は特に蒸れに弱いので注意してください。

失敗の原因の第三は過湿・乾燥の繰り返しです。苔は腐りにくいので、水はけさえ良ければ水をやりすぎても草花のように根腐れを起こして枯れることはありません。苔は適応能力が高いので、どんな苔でも水中(沈水)栽培もできます。しかし、過乾燥と過湿が繰り返されると対応できず、消耗したり、カビが生えて枯れてしまいます。日照・湿度をできるだけ一定になるように環境管理することが大切です。

## 集団で自ら快適な環境をつくって増える苔

草花と違う点がもうひとつあります。自生している苔をみれば一目瞭然ですが、苔は集団でコロニーをつくって増えていきます。草花や樹木のように一株一株では生きにくい植物です。

密生した苔の中は、直射日光が当たっても半日陰になり、枯れた茎葉がからみ合い、その下は枯れた茎葉や土ほこりがたまって層となり、この層が水分を含んでコロニー内の湿度を保っています。もし苔が一株一株離れていたら直射日光や風がまともに当たり、乾燥しやすくなってしまいます。ミズゴケが洋ランの用土として用いられるのは、水はけ・水もち・通気性が良く、腐りにくいからです。この枯れた茎葉の層が水分を保持し、それが蒸発することによって上部の生きている茎葉に水分を補給しているのです。水蒸気が上がると温度の上昇も抑えられます。

このように、苔は過ごしやすい環境を、自らつくって生きているというわけです。厚いマットができると、適度な湿り気が維持されるので管理が楽になります。

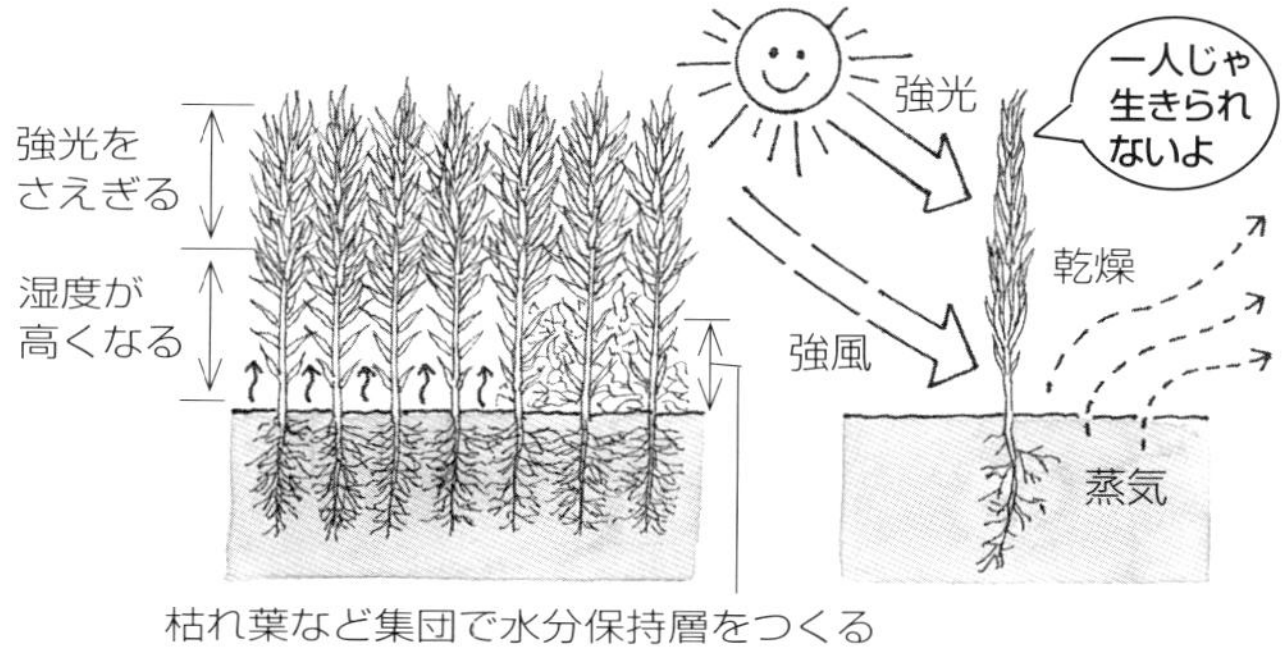

苔はなぜ集団で生えているの

# 3 苔の入手・採取法・選び方

サクをたくさんつけたコスギゴケ

市販のマット苔（左）とパック苗（右）

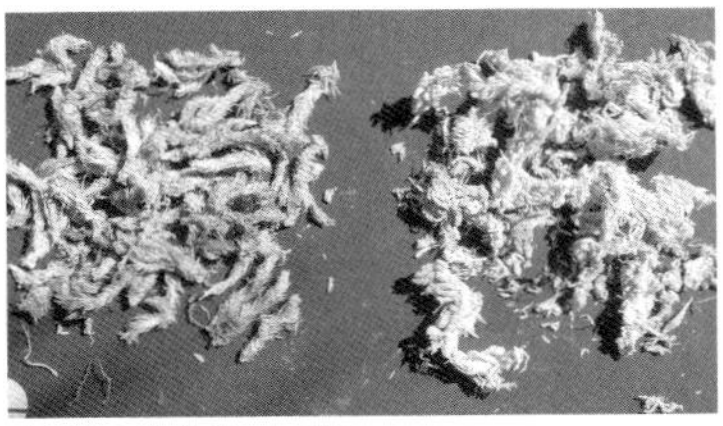
市販の乾燥した苔
左は用土に10％くらい混ぜたり表土に張りつけて用いる山苔、右はミズゴケ

### 苔のタネは苔

苔は春や秋に茎葉の先端に蕾のようなものをつけたものを伸ばし、そこが熟して割れると胞子が飛び散って増えていきます。これを「サク」と呼んでいますが、サクが伸びた苔の姿も美しいものです。胞子が発芽すると青いカビのようになり、やがてそこから茎葉ができて伸びてきます。

苔の多くは多年生で、胞子で増えるだけでなく、わき芽や地下茎を伸ばしたり、ちぎれた茎葉から新芽を出して増えたり、無性芽と呼ばれる自分の小さな分身をつくって増えるもの（ゼニゴケなど）もあります。

苔園芸では、胞子からの繁殖では長年かかるので、苔の茎葉をタネ代わりにして、マット苔を張るように植え付けたり、株状にして移植したり、ばらしてまいて覆土し新芽を発芽させて増やします。

### 園芸用の苔は身近にある丈夫な種類

草花や野菜の品種は、ほとんどが交配して品種改良した園芸品種ですが、苔には園芸用に改良した品種はなく、市販の苔はすべて野生の苔をタネにして増やしたものです。それも霧の立ち込める深山の苔ではなく、身近な山や土手、路傍に生えているスギゴケ、コスギゴケ、ハイゴケ、スナゴケ、シノブゴケなどです。苔の種類（セン類）は日本に約一七〇〇種もありますが、園芸用によく使われる苔は表1のようなもので二〇〜三〇種足らずです。身近に多くあって丈夫で栽培しやすいものが、「園芸用の苔」となっているわけです。

### 家庭園芸なら地元の苔が一番

最近ではホームセンターの園芸コーナーなどでも、パックに詰められた苔を見かけるようになりました。乾燥した苔も袋詰めされ売られています。また、通信販売でも入手できます（巻末資料参照）。苔庭をつくる場合は造園屋さんから購入もできます。しかし品質の良いものが手軽に購入できる状況ではありません。

大きな苔庭をつくるのでなければ、苔園芸では量は多く必要ないので、自分で採集してくるのが一番です。神社・仏閣や公園、国定公園などでの採取は厳禁ですが、近くの道端や土手、里山の林縁の斜面など、散歩がてらに探せば容易に見つけることができます。採取の際には、その土地の持ち主に一言断って、おすそ分けしてもらうのがエチケットです。身近なところに生えている地元の苔（地苔《ちごけ》）は、その地域の環境に適応した苔なので、よそで育った市販苔よりも育てやすく丈夫です。なかでもアオギヌゴケはおすすめです。ギンゴケに似ていますが、明るい緑色が美しく、日当たりから半日陰まで丈夫でよく育ち、苔玉、苔鉢、石付けなど万能苔です。

## 名前なんてわからなくても大丈夫

ちょっと採取に歩いてみると、いろいろな苔を発見できます。図鑑と虫メガネを持って苔ウオッチングするのも楽しみです。土に生えているもの、木に生えているもの、岩に生えているものなど、苔の仲間でも住み分けています。それぞれに名前がありますが、それを見分けることは専門家でも難しいといわれています。どんな苔でもほとんど苔園芸に利用できますから、

日当たりの良い川沿いの土手に生える
ハイゴケ

杉林の林縁の土手（右）によく生える
スギゴケ

山の落葉樹の急斜面に多いハイゴケ、
ホソバオキナゴケ

名前をあまり気にすることはありません。

歩道の目地やコンクリート塀の地際によく生えている小さなギンゴケ、ホソウリゴケ、ハマキゴケ、アオギヌゴケ、日当たりの砂だまりなどの裸地によくあるスナゴケなどは、乾燥や日当たりに強く育てやすい苔です。よく草が刈られている土手や林縁などにはハイゴケ、スギゴケ、コスギゴケも群生しています。このなかでもハイゴケは丈夫で大きくなるのも早いのでおすすめです。

ちょっと足をのばして郊外の林にハイキングを兼ねて行ったときは、道路をつくるために削り取った山の斜面部、川沿いの林の縁や岩、腐葉土のたまった樹下、谷を見下ろす尾根道などに、いろいろな苔を見つけることができます。林でもうっそうとした林内や下草に覆われたところにはあまり生えていません。

## 採取場所の日当たり・湿り気を確認

主な苔を好む環境で大きく分けると表1のように、①日当たり・湿りを好むもの、②日陰・湿りを好むもの、③日陰・乾燥を好むものに分けられます。採取の際には生えていた場所の日当たり、湿り状態、生えていた土・砂・木などを確認しておきましょう。

植える場所の環境や管理の仕方で異なりますが、育てやすいのは、日当たりは良いところに生えている①の苔（スギゴケ、スナゴケ、ギンゴケ、ホソウリゴケ、ハマキゴケ）が乾湿の変化に強いので育てやすいでしょう。日陰で乾燥を好む③の苔（ホソバオキナゴケ、アラハシラガゴケ、シノブゴケ）は、栽培場所の日照や水やりに注意しないとやや難しいでしょう。②の半日陰～日陰・湿りを好む苔（ヒノキゴケ、タマゴケ、コウヤノマンネングサ、ミズゴケなど）は多湿に強く管理しやすいのですが、日当たりが良い場所には向きません。ハイゴケが人気が高いのは、どんな環境にも適応力があり一番剛健だからです。

購入する際は、これらの特徴を知って選ぶことが大切です。採取する場合も、その場所の日照、水分・湿度、生えている土の状態など、その環境を確認し、栽培管理や用土を考える際には、その環境に似せることが上手に育てるポイントです。

## 苔の採取法

苔はいつでも採取できますが、植え付け後のことを

苔栽培では、**日当たり**…午前中日が当たるところ
**半日陰**…9時ごろまで朝日が当たるか、終日木漏れ日のところ
**日陰**…半日以上木漏れ日か終日明るい間接光のところ
を目安にすると良い

**表1　主な園芸用の苔の種類と特徴**

| 主な苔の種類 | よく生えている場所 | 形態 | 好む環境 | 用土例 | 生育の特徴 |
|---|---|---|---|---|---|
| ギンゴケ | コンクリ塀の地際や石組み、舗装ブロックのすきま | 直立・小型 | ① | 土8砂2＋石灰少々 | 乾燥に強く丈夫。ホソウリゴケやハマキゴケとよく混在 |
| スナゴケ | 河原や山地の明るいところ、砂質土や石組みのすきま | 直立・中型 | ① | 土5砂5 | 湿った場所なら直射日光にも強い。生長も早い。まき苔に適す |
| スギゴケ | 半日陰の林縁や林内の腐植土のたまったところ | 直立・大型 | ① | 土7砂2腐葉土1 | 茎は太く伸び続け、仮根は多い。乾燥に強い |
| コスギゴケ | 表土が露出した土手、半日陰のやや乾いた林内 | 直立・中型 | ①～③ | 土7砂2腐葉土1 | 草丈は2～3㎝で止まり、乾くと葉が縮れる。仮根が多い |
| ハイゴケ | 湿度があればどんなところにも。日当たりの土手、岩・倒木上 | 這う・大型 | ①～③～② | 土8砂1樹皮培養土1 | 広がるのが早く、一番剛健で管理も容易。はがれやすい |
| ホソバオキナゴケ | 日陰・乾燥気味の腐植土のたまった林内や大木の幹元 | 直立・小型 | ③ | 土6砂1樹皮培養土3 | 生長は遅く半球状に盛り上がる。蒸れに弱い。通称山苔 |
| アラハシラガゴケ | 日陰で湿度の高い林内のスギの根元や倒木上。急斜面の木の根元 | 直立・中型 | ③ | 土6砂1樹皮培養土3 | ホソバオキナゴケと同様に蒸れに弱い通称山苔 |
| シノブゴケ | やや日陰の湿った地面や枯れ木、岩上 | 這う・大型 | ③ | 土6砂2腐葉土2 | 仮根が少なくはがれやすいので水やりは丁寧に |
| コツボゴケ | やや日陰の湿った地面や岩上、日陰の畑縁や林縁 | 直立・這う中～大型 | ② | 土8砂2 | 過湿に強く水を多めに。アクセントに混植するとよい |
| タチゴケ | 林縁や腐植土のたまった岩場。 | 直立・中型 | ③～② | 土7砂3 | 排水が良ければ水は多くてもよく、育てやすい。仮根が多い |
| ヒノキゴケ | 腐植土の湿った林内や沢沿いの斜面。 | 直・斜め立・大型 | ② | 土6砂2腐葉土2 | 地下茎で枝分かれして増える。水を好み過湿になっても枯れない |
| タマゴケ | 湿った林縁、腐植土のたまった岩や崖に半球状に生える | 直立・中型 | ② | 土6砂2腐葉土2 | 仮根が多く丸いサクをつける。斜面や庭石のまわりに合う |
| シッポゴケの仲間 | 半日陰の腐植土。種類によっていろいろな場所に生える | 直・斜め立・中～大型 | ①～③～② | 土6砂2腐葉土2 | 種類によって違う。カモジゴケは乾燥に強い。フデゴケは乾燥・日当たりに強い |
| ミズゴケ | 林内の湿った地上や湿地、湿度の高い沢の岩上や川辺 | 這う・大型 | ② | 土6砂2腐葉土2 | 日陰で水を十分に。水を多く茎葉に含み、そのまま苔玉になる |
| コウヤノマンネングサ | 林内の腐植土の多いところ、湿気の多い川沿い | 直立・大型 | ② | 土6砂2腐葉土2 | 地下茎ごと採取。大型で1本ずつ生えるのでアクセントに。地下茎で増える |

**好む環境**：① 日当たり・湿りを好む　② 半日陰～日陰・湿りを好む　③ 日陰・乾燥を好む

移植ゴテを横から押すようにしてギンゴケを採取

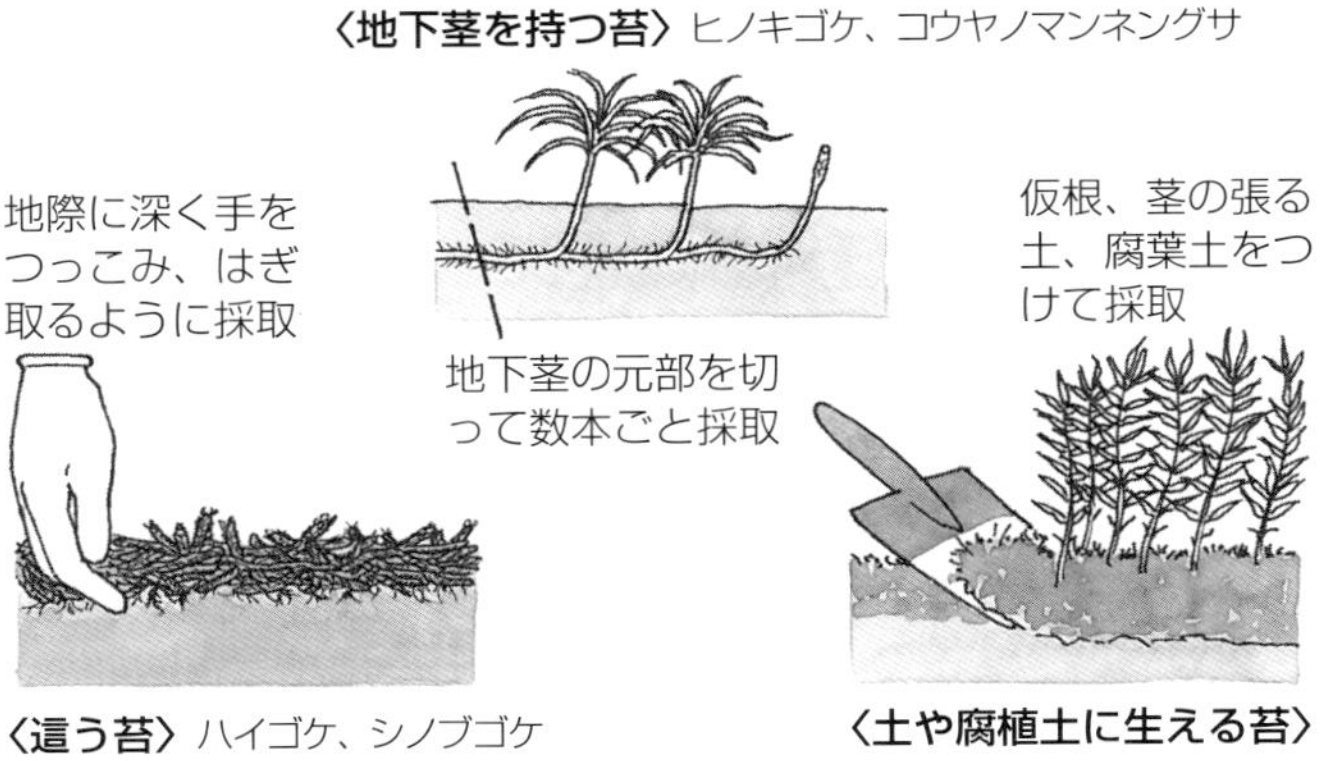
〈地下茎を持つ苔〉ヒノキゴケ、コウヤノマンネングサ
地際に深く手をつっこみ、はぎ取るように採取
地下茎の元部を切って数本ごと採取
仮根、茎の張る土、腐葉土をつけて採取
〈這う苔〉ハイゴケ、シノブゴケ
〈土や腐植土に生える苔〉

**苔の採集法**

考えると、夏と冬は避けたほうが無難です。苔は寒さには強く凍りついていても枯れることはありませんが、寒いと休眠状態となり生長せず、定着にも時間がかかります。また、冬の乾燥した寒風には弱く、枯れることもあります。高温多湿の夏も生長が鈍く、高温多湿で蒸れて弱り、茶色に変色して枯れることがよくあります。

土や腐葉土の表層に直立して生える苔は、移植ゴテなどで、その土の表層をつけて採取します。できるだけ大きな塊で採取します。小型のギンゴケやスナゴケなどは、手のひらで端から囲むようにして押すと、土についた層からはがれて簡単に採取できます。仮根がほとんどなく這っているハイゴケやシノブゴケは、できるだけ手で底からすくい上げるようにして採取します。岩や木の幹に生えているものは、ヘラなどではがし取るようにして採取します。また、まき苔法（六八、七〇ページ参照）なら、茎葉だけで十分なので、ハサミで上部の茎葉を刈り取るだけですみます。

苔はひとつの群落に生長するのに十数年以上かかるといわれています。むやみに根こそぎ取らず、何箇所かの群落から少しずつ採取しましょう。苔玉なら二〇×二〇センチもあれば十分です。

採取した苔は蒸れないように紙袋や段ボール箱（山苔などは汚れが落ちにくいので一段ごとに新聞紙を敷いておく）、または新聞紙に挟んでからビニール袋に入れて持ち帰りますが、その際に水をかけると蒸れる心配があります。しおれても帰ってから広げて、水やりすればすぐに元気になります。

# 4 用土の選び方と植え方

## 用土の役割は固定・湿度保持・排水

苔にとって用土の役割は、体（茎葉）を支え固定すること、水分を含み苔のまわりの湿度を保持すること、水がたまらないよう排水すること、この三つです。土や腐葉土に生える苔でも、土に埋まっている茎や仮根は数センチなので、用土の量もその程度の厚さしか必要ありません。仮根が少なく這うタイプのハイゴケやシノブゴケなどは、あえて用土も必要ありません。下の写真のようにレンガなどに糸でしばって固定し、保湿容器などに入れて湿度を保てば、土がなくともよく新芽が伸びて増えます。

また、苔は肥料を吸う根がないので草花や樹木のように肥えた土は必要ありません。肥えていると雑菌や雑草が発生しやすくなります。ただし、山野草や樹木を植える場合は、肥料分を保持する力のある用土が必要です。

## 畑土・黒土を主体に砂・腐葉土・樹皮培養土を加える

固定、湿度保持、排水の三つの条件の良し悪しは、用土の種類によって違います。たとえば、砂は排水が良く湿度保持も悪くはありませんが、固定力がありません。苔庭つくりで砂だけ敷いて苔を植えても、風雨に合うと揺り動かされたり流れてしまい、なかなか定着しません。

一般的には、固定力のある畑土か黒土など粉状の土主体に、排水性を良くする砂（川砂、富士砂、軽石細粒など）やパーライト、赤玉土細粒など、湿度保持力

レンガに定着したシノブゴケ

山苔、スギゴケ、タチゴケを植える用土（左中央から赤玉土細粒、黒土、砂、樹皮培養土、中央は排水層に入れる赤玉土大粒）

のある腐葉土や樹皮培養土（あるいはピートモス、バーミキュライトなど）を、苔の特性やつくるものに応じて混合します。樹皮培養土は樹皮を繊維状にして堆肥化したもので、湿度保持力が適度で苔がからまりやすいので、ハイゴケや山苔には最適です。

表1の用土例のように、日当たりで湿りを好むものは土八＋砂二、日陰で湿りを好むものは土六＋砂二＋腐葉土二、日陰で乾燥気味を好むものは土六＋砂一＋樹皮培養土三が目安です。樹皮培養土が入手できないときは、ピートモスなどを代用します。

スナゴケは土五＋砂五くらいに砂を多くします。また、這って伸びるハイゴケ、シノブゴケなどは樹皮にからまって固定されるので、樹皮培養土一〇〇％でもかまいません。コンクリートなどに生えるギンゴケなどには、用土一リットルあたり消石灰一グラムくらい混ぜるとよいでしょう。

苔玉や石付けなどには植えた植物の用土が崩れて流れ出ないよう、粘りのあるケト土を主体に使います。水はけを良くするためにケト土三＋赤玉土細粒一＋富士砂（または樹皮培養土）一を混ぜてよく練り、植物の根のまわりに張るようにつけます。

## 張り苔法・まき苔法・移植法

苔の植え付け方には左の図のように三つの方法があります。どんな苔でもこの三つの方法で植え付けることは可能ですが、種類によって適・不適があります。

**【張り苔法】** マット状の苔を用土に押し込むようにして植え付ける方法です。すきまなく植えられるので見栄えも良く、もっとも一般的に行なわれる方法です。しかし、苔のマットと用土をよく密着固定させないとはがれて枯れやすいので注意が必要です。苔玉や木付け・石付けなどでは、張り苔をしてから、しっかり糸を巻いて固定します。

**【移植法】** 束状にした苔を、培地に植え穴をあけて埋め込み定着させる方法です。手間はかかりますが、培地との密着固定が確実なので定着しやすい方法です。しかし、すきまが多くできるので見栄えは劣ります。苔を増殖して増やすときも有効です。こんもりとした群落となる山苔や、地下茎で増えるヒノキゴケやコウヤノマンネングサ、大型のスギゴケなどは適しています。ただし、ハイゴケやシノブゴケのようにほとんど土がついていないものは、深く埋め込むと枯れやすいので不適です。スナゴケやギンゴケのように小さな苔も移植しにくいので適しません。

【まき苔法】タネ苔をもみほぐし、バラバラにして培地にまき、用土をタネ苔が半分くらい埋まるくらいかぶせて踏み固めて固定し、新芽を吹かせる方法です。乾燥した苔でもかまいません。苔が少なくてすむので、

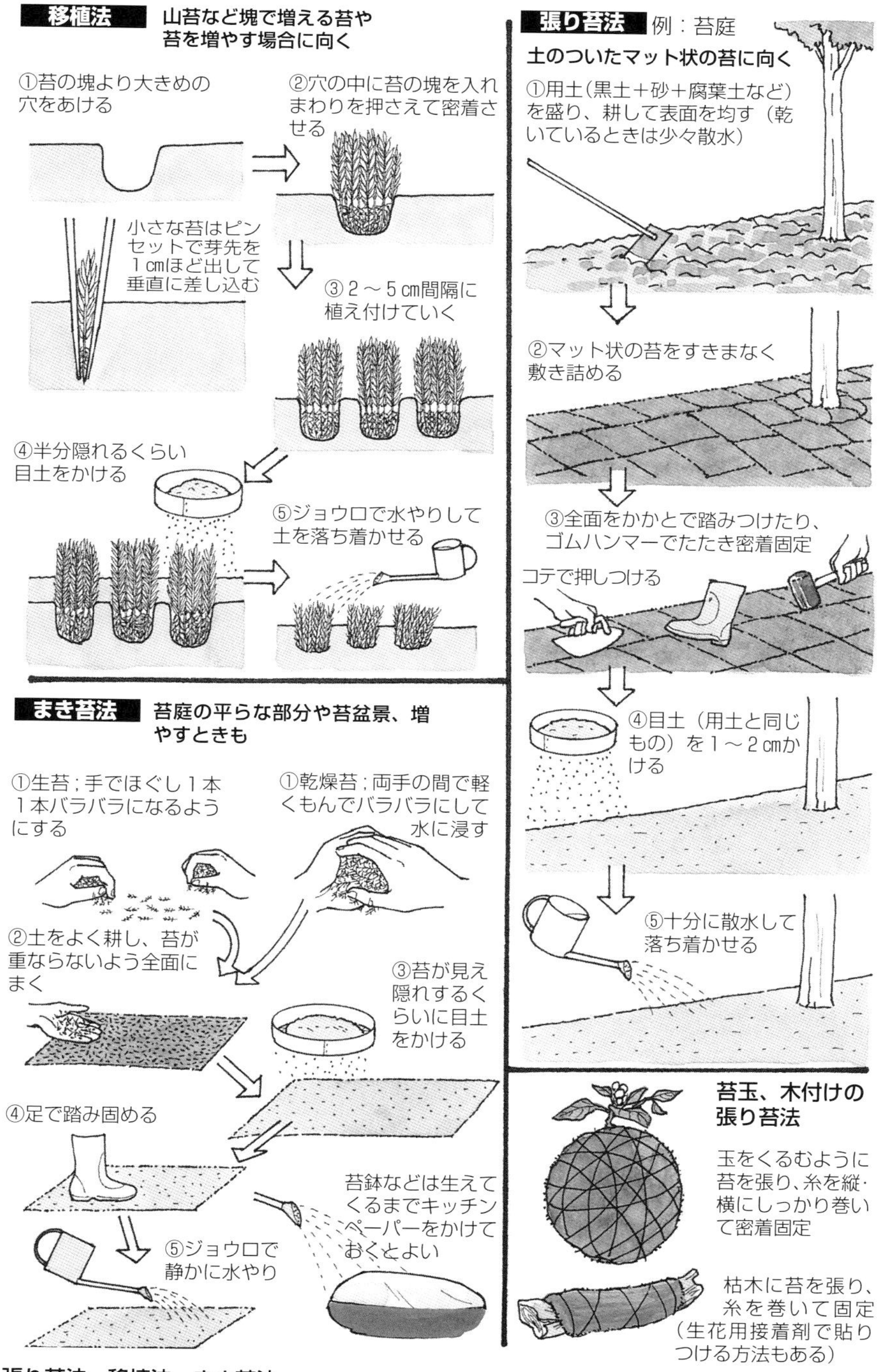


張り苔法、移植法、まき苔法

苔庭など広い面積に生やすには適しています。新芽が生えそろうと、張り苔よりも丈夫な苔になります。

しかし、当初の見栄えは悪く、新芽が出そろい土が見えなくなるまでは入念な管理が必要です。また培地が平らでないと雨や水やりの際に流れてしまうので、斜面には不適です。苔を培養して増やすには最適です。

## 苔玉はミズゴケ巻き・軍手巻きがおすすめ

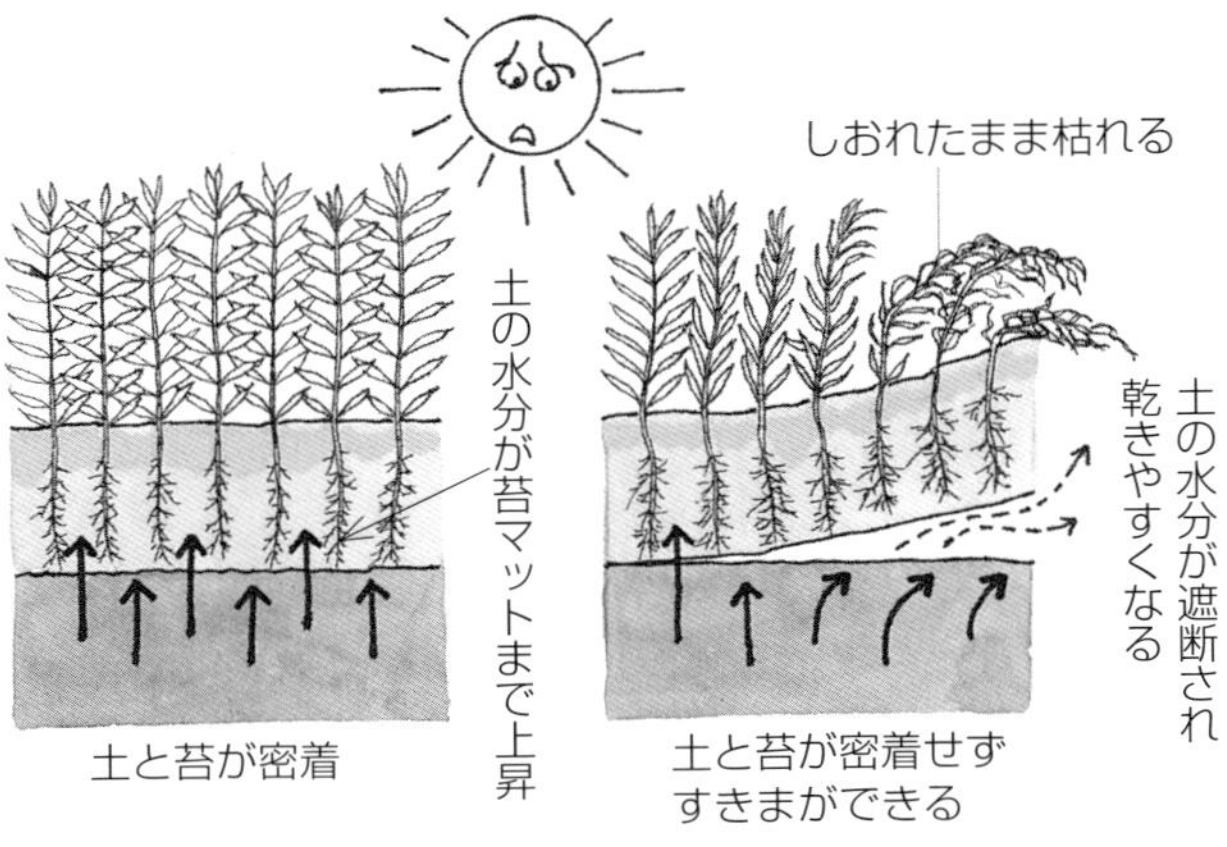
しおれたまま枯れる
土の水分が苔マットまで上昇
土の水分が遮断され乾きやすくなる
土と苔が密着
土と苔が密着せずすきまができる
苔マットと土が密着固定していないと水分補給ができない

苔の植え付けでは、苔を植え付け部分に密着固定することが一番のポイントです。苔が水やりや風雨で土から浮き上がって遊離してしまうと、水分補給ができなくなり定着しにくくなるからです。

特に苔玉は球状で水はけは心配ありませんが、乾きやすく（特に上部）、乾かしすぎると側面がはがれやすいことが欠点です。植物をケト土で植えたあと、まわりをミズゴケで包み、糸を巻いて固定してから、その上に苔を全体に張り付け、再度糸を巻いて固定する方法が確実です（四四ページ参照）。ミズゴケは水分を保持しやすいので、根鉢に巻くと乾きにくくなり、楽に適度な湿度が保たれます。

また、軍手の中に植物を植え、まわりに苔を巻いて糸巻きで固定する軍手苔玉は、軍手がミズゴケの代わりとなってくれるので、手軽で良い方法です（四三ページ参照）。

## 苔庭は足やゴムハンマーで強圧し密着固定

張り苔の場合、苔のマットと土が遊離してしまうと、土の中から毛管現象で上がってくる水分がそこで途切れてしまい、苔のマットが乾燥してはがれてしまいます。

芝生では竹串を刺して固定する方法がとられますが、苔庭の場合は竹串の固定はあまり効果がありません。密着させるには、板の上に乗って鎮圧するだけでは不十分です。コテなどを使って強く押し込んだり、ゴムハンマーでたたいたり、かかとでねじり込むように踏みつけて密着させます。植え付け後、苔をつまみ

# 植え付け後の管理法 5

上げても苔マットがはがれてこないくらいでなければなりません。この密着固定を十分にやれば、目土は軽くまく程度でかまいません。

植え付け後の見栄えは悪くなりますが、そのほうが一～二カ月後に新芽が出てずっと美しくなり、その後の管理も楽になります。密着が不十分なときは、そのころには枯れ上がってきます。行事などをひかえていてすぐに観賞したいときは、最初は軽く固定しておき、行事が終わってから再度、密着固定、目土入れをするとよいでしょう。

まき苔では、完全に埋め込んでしまうと芽が出にくくなりますが、目土が少ないと乾燥しやすいので、半分以上埋め込むようにかけてから、足裏で踏んで鎮圧して固定します。

ポツポツと新芽が伸び出してきたスナゴケ

## 新芽が伸びて全体を覆うまでが勝負

苔は密植が前提なので植え付け直後から美しく観賞できます。しかし、先端の芽が伸び始め、土の中から新芽が出て一面に密生し、新しいコロニーができないと定着したとはいえません。

草花の苗などは植えると一週間もしないうちに新芽が伸び始めて活着しますが、苔はうまく管理しても一カ月後くらいしてから、ポツポツと新芽が出てきます。新芽が全面に伸びて覆うようになるには四～六カ月かかります。

ポイントは二つあります。ひとつは日照不足を避けることです。植え付け当初は青々していても、管理が悪いとしだいに色がさめ、ひどいと暗褐色になってきます。しかし、あきらめてはいけません。状態にもよりますが、半日陰に置き、早朝に乾きをみて水をやっていれば二～三カ月後には新芽が伸びてきます。

二つめは、新芽がポツポツ出てくるようになったら、それまで以上に日照不足・乾燥を避けることです。ここで乾燥させて新芽を枯らしてしまうと、もう貯蔵養分が枯渇して立ち直れません。かといって水をかけすぎて過湿にして蒸らすのもよくありません。

苔は植え付けてから、新芽が伸び新しいマットができ始める四～五カ月の最初が勝負です。新しいコロニーのマットができれば、年々管理も楽になります。あせらずじっくり育てることが肝心です。

**衣装ケースやワーディアンケースを簡易保湿容器に**

苔玉・苔鉢・苔盆景の栽培でおすすめしたいのは、半透明の衣装ケースです。排水穴をあけた衣装ケースに、砂かミズゴケを敷き、苔玉・苔鉢・苔盆景をこの中に入れ、蒸れないようフタを少しずらしてすきまをつくってかぶせておきます。晩秋から早春は夜間だけ閉めておけば保温され、朝方は朝露のように水滴ができて水やりも楽になります。

また、洋ラン栽培などで使われる簡易フレーム（ワーディアンケース）も便利です。日中はファスナーを

ベランダの南と西にスダレをかけた栽培場の衣装ケースと簡易フレーム

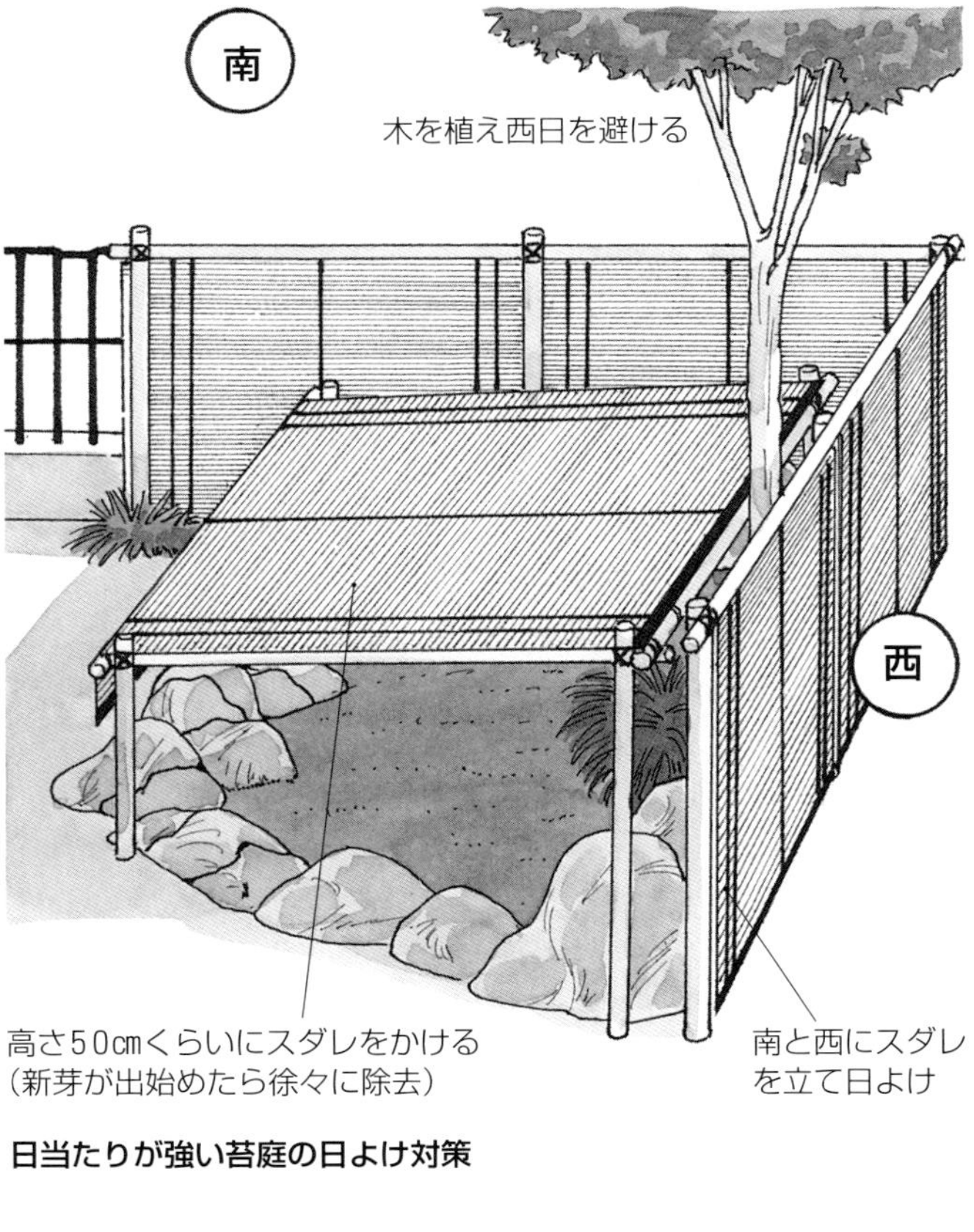

南
木を植え西日を避ける
西
高さ50㎝くらいにスダレをかける
（新芽が出始めたら徐々に除去）
南と西にスダレ
を立て日よけ


日当たりが強い苔庭の日よけ対策

開いて蒸れないようにし、朝方、水やりをして湿度を保つようにします。

また、苔玉などは上部を切った大きなペットボトルに入れて育てるのもよいでしょう。

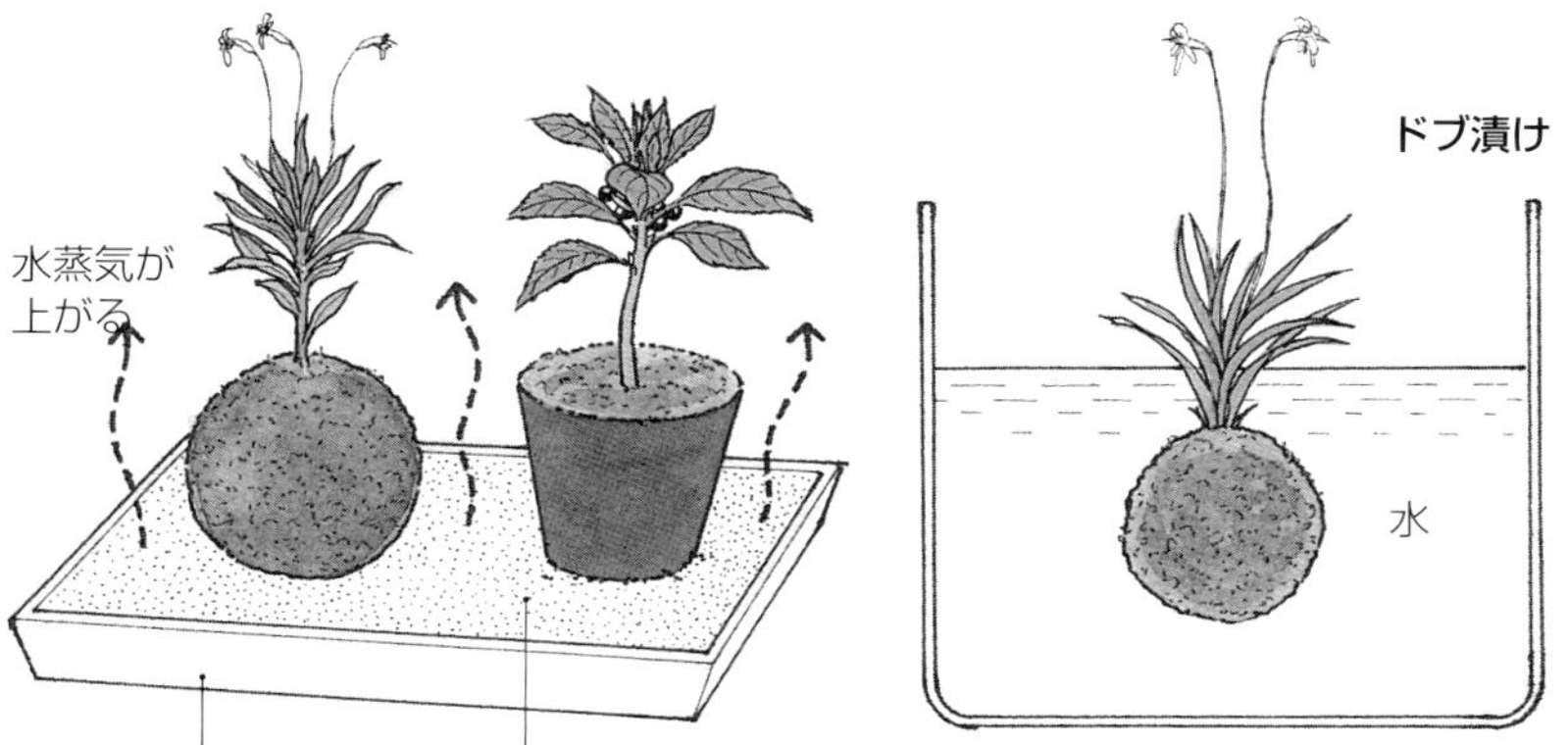
水蒸気が
上がる
浅い水盤・発泡スチロール箱など
砂や砂利、ミズゴケなどを縁まで敷き、湿らせておく
ドブ漬け
水
5～10分沈めてから取り出す

苔玉・苔鉢の水やりの工夫

これら簡易保湿容器で注意しなければならないのは、夏場の高温多湿による蒸れ枯れです。夏期は外に出し、風通しを良くしたほうが無難です。

苔庭は、植え付け後、高さ五〇センチ前後にスダレか寒冷紗をかけて日よけをしてやると効果があります。苔に密着させてかぶせるベタ掛けは蒸れやすいので避けたほうが無難です。南側と西側にスダレを立てかけて日よけするだけでも大変効果があります。

## 水やりのコツ

苔庭は、最初は乾かないよう毎日の水やりが必要ですが、新芽が全面に覆って定着してからは、自然の降雨にまかせ、晴天が続いたときに散水するくらいで十分です。排水性が良ければやりすぎて害になることはありませんが、常時過湿状態になっていると、軟弱に育ったり、蒸れて腐りやすくなったり、湿気を好むゼニゴケやカビがはびこりやすくなります。特に高温となる夏の水やりは要注意です。

水やりは晴天の日の日中は避け、できるだけ気温の下がる朝方、あるいは夕方がおすすめです。

苔玉や苔鉢は、定着後も水やりが必要です。苔玉や苔鉢を一度ひどく乾燥させると、なかなか全体に水が浸透しにくくなります。そんなときは、水を入れた容器に苔全体を五～一〇分くらい沈めて吸水させるドブ浸け法がおすすめです。苔玉の中まで全体がよく湿ります。

水は水道水でもかまいませんが、夏はカルキ（塩素）が多く含まれているので、カメなどの容器に一昼夜ためておいた「ため置き水」をかけると安心です。

## 栽培場所の工夫

苔玉や苔鉢、苔盆景は屋外の栽培場が不可欠です。苔玉や苔鉢の栽培場所は、明るい半日陰で湿度が上がる場所が適しています。苔の栽培棚は、低いほうが朝露を浴び湿度が高くなるので一〇〜二〇センチもあれば十分です。しかし、都会の庭やベランダは朝露が降りないので、南や西側にスダレをかけて日よけし、晩秋から早春までは前述の簡易保湿容器を栽培場とするのがもっともおすすめです。

## 苔庭は雑草が難敵

苔は病害虫には強いのであまり心配ありませんが、特に苔庭では雑草が難敵です。雑草がはびこると光がさえぎられ日陰になってしまうからです。雑草は発芽した雑草を早く見つけ、根は張って大きくならないうちに、こまめに引き抜くことです。大きくなってから引き抜くとまわりの苔を傷めてしまいます。苔は多少踏んでも支障はありません。ただし、乾燥しているときに踏むと折れたりはがれたりするので、散水してしばらくしてから、底の平らなゴム草履などをはいて入ります。土が湿ると引き抜きやすくなります。

苔には影響がなく雑草だけを枯らす除草剤はありませんが、スギゴケ、タチゴケ、コスギゴケ、ヤマゴケ、ハイゴケなどには、パラコート系のプリブロックスL、マイゼットが薬害が少なく使えます（購入の際には身分証明書と印鑑が必要）。通常は一〇〇倍程度に薄めますが、苔には若干薬害が出るので通常よりは薄めて、雑草の生えている部分にだけ、できるだけ苔にかからないようにして散布します。気温の高いときに散布すれば、薄くても除草効果があります（ヒメジョオンなどの大きな広葉雑草には効果が少ない）。いずれにしても、まずは試しに部分的に散布して安全を確かめてから散布しましょう。

ラウンドアップは苔に散布することはできませんが、浸透して根まで枯らす力があるので、原液を筆で雑草の生長点部に塗ると、苔に影響を与えず除草することができます。大きな広葉雑草は五センチくらいに刈り取り、切り口に塗るとよいでしょう。一面に覆ったゼニゴケの退治にも効果があります。規定の倍率（一〇〇倍）より薄めても効果があります。

# 6 おすすめの苔の品種と特徴

手塚直人（有）モス・プラン

## スギゴケ　（スギゴケ科スギゴケ属）

茎が棒状に伸び続ける
（右は栽培苔）

手前の短い苔はコスギゴケ

ウマスギゴケ

園芸ではウマスギゴケとオオスギゴケがスギゴケとして扱われ、どちらも性質は同じで肉眼では区別ができない。苔庭では石組みともよく合い、もっともよく使われる主要な大型の苔。低地から山地のやや日陰地の湿った地上や腐植土のたまるようなところに群生し、山の急斜面の岩盤の多いところなどにも見られる。

**【生長形態】**　乾燥に強く、茎は針のように硬く、枝分かれせず、毎年伸び続ける。主茎の長いものは20㎝のものまである。葉は茎の中ほどから先によくつき、湿ると広げ、乾いてくると茎にくっつくようにすぼまる。生育環境により葉の大きさや色に大きな違いが現れ、日当たりの良い場所や栽培圃場のものは黄緑色で葉も小型になる。

**【植え付け法】**　土をつけ塊のまま採取し、畑土に少し川砂を混ぜた用土を用い、やや深めに差し込み移植する。土をつけた四角いマット状の苔は、表土とマットを完全に密着させて張り苔する。まき苔では芽がある程度生えそろうまで乾燥させないこと。直接まくよりも育苗箱などである程度培養したものを露地に移植するほうがよく定着する。

**【管理法】**　毎年伸び続けるので、あまり伸びすぎると下からの新しい芽が伸びにくくなり、見た目にもよくないので、間引いたり、部分的に刈り込む。徒長を抑制するには底の平らな履き物で時々苔踏みを行なうと効果がある。冬の霜柱などで表土と剥離した苔は、暖かくなってから十分に表土と密着させる。

## コスギゴケ（スギゴケ科ニワスギゴケ属）

コスギゴケ（コスギゴケ・ヒメスギゴケ・チャボスギゴケ）はスギゴケ（ウマスギゴケ、オオスギゴケ）とともによく利用され、これらを合わせてスギゴケと呼ばれていたが、両者は多少性質が異なるので、流通上、商品として別々に使い分けることも多い。新しく露出した表土に最初に現れる苔で、日当たりの良い土手や日陰地の地上などに大きな群生をつくる。

**【生長形態】** 茎は２～３㎝の高さになると生長を止め、枝分かれはなく土の中の茎に仮根を多数つける。葉は細く、長さは５～８㎜程度で、乾くと縮れてさまざまに曲がる。
**【植え付け法】** 庭によく植えられ、鉢植え、テラリウムなどいろいろな栽培が楽しめる。土を少しつけたまま、塊を壊さないように採取し、土をつけ塊のまま少し深めに土の中に差し込み移植する。まき苔法でも増やしやすく、土をつけたままほぐし、塊にならないように均等にまき、薄く目土する。
**【管理法】** スギゴケと同様だが、丈が伸び続けないので、徒長抑制の必要はない。

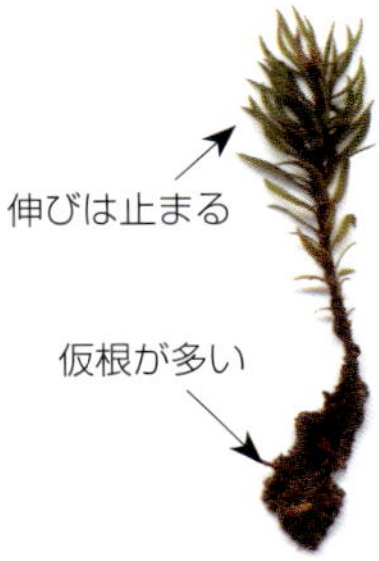


## タチゴケ（スギゴケ科タチゴケ属）

ナミガタタチゴケ、コナミガタタチゴケ、ムツタチゴケなどがあり、低地から山地の林の縁や、腐植土のたまった岩の上などに見られる。条件の良いところでは葉が大きくなり、丈も４㎝ぐらいにまでなる。苔庭によく利用され、特に市街地の庭ではスギゴケよりも管理が容易でおすすめ。盆景では森を表現するのに用いられ、また小型のテラリウム等に植えても緑がきれいで楽しめる。

**【生長形態】** 茎は２～４㎝程度で枝分かれせず、茎の下に多数の仮根をつけ絡み合い、集まってしっかりと土に生える。葉は７～８㎜程度で、薄く透明感があり、表面に横じわがある。
**【植え付け法】** 土をつけたまま塊を崩さないように採取する。用土は川砂を少し多めに混ぜて排水性を良くする。土をつけたまま差し込み移植する。まき苔でも比較的容易に増やせる。
**【管理法】** 排水性が良ければ水のやりすぎという心配はない。冬は葉を縮めているので散水の必用はないが、寒風にさらされると傷むこともあるので、覆いをかけると効果がある。

乾燥状態のタチゴケ

乾燥する大木の根元に群生

## ホソバオキナゴケ（シラガゴケ科シラガゴケ属）

ホソバシラガゴケ、山苔、マンジュウゴケとも呼ばれ、京都西芳寺の苔庭の主要な苔。半日陰の乾燥気味の場所を好み、低地や山地の腐植土のたまった林の中には白緑色の半球状の塊になって生え、雨の当たりにくい大木の根元には広がるように密生して生える。乾いても縮れなどの変化がないため、苔庭や盆栽、盆景、苔玉に人気がある。しかし、取り尽くされた感があり、まとまった群生を見つけるのは難しい。

**【生長形態】** 茎は2～3㎝程度だが、コロニーの厚みが増してくるとそれ以上になることもある。時に枝分かれをするものもある。葉が重なり合うように密につき、乾くと白色が強くなる。

**【植え付け法】** 用土は畑土に水はけを良くする川砂、これに樹皮培養土を少量混ぜるとよい。

まき苔法では、手でほぐして重ならない程度にまき、薄く目土をして十分に押さえる。移植法では、小さな塊をピンセットなどで少しすきまをあけてやるときれいな半球状の形になり、時間はかかるが起伏のあるマットができる。

**【管理法】** 小さく生育も遅いので、過湿気味にするとゼニゴケやタチゴケなどの強い苔が生えてくるので取り除き、水やりはひかえめにする。

## アラハシラガゴケ（シラガゴケ科シラガゴケ属）

マンジュウゴケ、山苔とも呼ばれ、ホソバオキナゴケの採取が難しくなったため、山苔として盆景や箱庭（盆景）に多く使われている。半日陰地の湿度の高いスギの木の根元、腐木上によく生える。山地の急な斜面の木の根元にある程度の群生をつくる。シラガゴケのなかでは中型で粗い感じもするが、乾燥したときの変化が少なく人気がある。

**【生長形態】** 茎は普通3㎝程度だが、ホソバオキナゴケと比べ半球状の塊が大きく、時間をかけて10㎝くらいの厚いマットをつくることもある。葉の先が細く尖り少し反り返り、粗く感じる。

**【植え付け法】** ホソバオキナゴケと同様。移植法での注意点は、大きく密生した塊は、高い保水力があるためすぐに蒸れやすいので、厚みがある塊は、不要な褐色化した部分を切り落とすか薄くする、または小さい塊にして植えること。

**【管理法】** 苔鉢や苔盆景にして室内に置くことが多いが、室内ではできるだけ苔に直接水は与えず、まわりの用土に十分水やりする。また、炭など小物に植えたものは、そこから蒸発する水分だけでは生育しにくい。生育は期待できないが、水を与えずドライのままでも長く緑色を保つ。

手前スナゴケ、奥ギンゴケ

## スナゴケ（キボウシゴケ科）

河原や山地の日当たりの良い砂質の土や岩の上、石垣などに黄緑色の群落をつくる。湿った場所でなら直射日光が当たるところでもよく生えるほど剛健で、屋上での緑化素材としても利用されている。日光と適度な湿り気があればよく育つ。

**【生長形態】**　茎は直立し高さは２～３㎝程度で不規則に枝を出し、仮根はあまりつけない。
葉は茎にたくさんつけ、先は灰白色で不透明。植物体全体は黄緑色で、胞子体はあまりつけない。
**【植え付け法】**　庭では日の当たる明るい場所を選び、畑土と川砂を半々程度と多めに混ぜた用土に、塊のまま少し深く差し込み移植する。生長が早く強い苔なので、まき苔法で植え付けてもそれほど難しくない。石付けにするときは小さな塊をくぼみにケト土で固定する。目土はいずれも川砂を多めにし、あるいは川砂単体を薄くまく。
**【管理法】**　好日性なので室内での管理は難しいかもしれない。アクアテラリウムでは光源の下に置くようにする。庭では植え付け後しばらくは多めに水やりするが、新芽が伸びたら、あとは自然の降雨に任せる（乾燥が続くときは水やり）。春、暖かくなったら、冬に霜柱などで荒れたところは軽く踏み固める。

## ヒノキゴケ（ヒノキゴケ科）

イタチノシッポともいい、山地の林の中の湿った腐植土上、谷沿いや沢の斜面のような湿度の高い場所によく大きな群落をつくる。スギゴケと対照的に柔らかさ、色目の美しさをもち、ほかの苔と異なる趣のジュウタンをつくる。

**【生長形態】**　茎は直立か斜めに立ち上がり、長さは５～10㎝内外で柔らかい印象のこんもりとした塊となる。葉は茎に密につき中心部がもっとも大きく、茎の下部は褐色の仮根に覆われ、地中の茎が地下茎のように枝分かれして増える。
**【植え付け法】**　姿に趣があるため、苔庭だけでなく、テラリウム、盆景などにもよく利用される。日当たりや乾燥地では生育しないので、木漏れ日のある樹下に移植すること。腐葉土と砂を混ぜて、柔らかく水はけのよい土をつくり、小さな塊をそのまま少し深く差し込み移植する。
**【管理法】**　地下茎で繁殖し、丈の変化が少なく、過湿になっても根腐れを起こさない。湿度を好むので水やりを多めにする。樹下では枯れ葉がかぶさると蒸れることがあるので、こまめに取り除く。褐色がかって枯れたようになっても、春には茎の下から新しい芽を伸ばすこともある。

## コツボゴケ（チョウチンゴケ科）

苔庭によく利用されるほか、盆景やテラリウムでも黄緑色の明るい雰囲気と横に這う姿がアクセントとして利用される。
低地から山地のやや日陰地の湿った地上や岩の上などに見られる。人家近くでは畑の縁や林道脇の日陰地によく見つかる。

**【生長形態】** 茎は横に這うものと直立するものがあり、直立するものは高さが2㎝内外で、葉が多く、基部には茶色の仮根をたくさんつける。長く横に這う茎は5～6㎝になり、四方に広がって先端から仮根を出し、そこから再び新しい芽を伸ばす。全体に横に這う茎のほうが目立つ。胞子体は直立茎にでき、褐色の柄に垂れ下がったサクをつける。
**【植え付け】** 土を少しつけて採取する。うまくマット状にはがせることもある。日陰か半日陰地を選び、移植法で植え付けると良い。用土は畑土に水はけをよくするため川砂を混ぜ、土をつけたまま差し込む。マット状のものは、そのまま押しつけて上から細土を軽くかける。
**【管理法】** 水やりは多めに与えても問題はない。移植後、生育不良が見られるときは、排水性を良くし、十分な水やりを心がける。

## ギンゴケ（カサゴケ科）

日当たりの良い土の上や石垣などにたくさん生える小型の苔で、南極大陸から都会の路傍やコンクリート上まで、ほとんど世界中に分布している強健な苔。盆栽の表土に張ったり、石付け、盆景などにも利用される。類似のホソウリゴケ、ハマキゴケも同様の場所に生え、同様に利用できる。

**【生長形態】** 灰白色をおびた薄い緑色で、茎の高さは1㎝内外であまり枝分かれしない。仮根はほとんどない。葉は重なり合ってつき、中肋は1本で葉先まで伸びる。多数の苔が密に集まってジュウタン状になり、乾燥しても変化はない。
**【植え付け法】** コンクリート壁面ではハマキゴケなどと混生していることが多いので、壁面のものよりも土上に半球状に単体でかたまっているものを採取すると良い。土とともに削り取り、これを張り苔法で植える。用土は畑土に少し川砂を加え、これに消石灰を少量混ぜる。まき苔法では土と混ぜ合わせて用土にまく。まき苔でも生育は早く、均等な美しいマットとなる。
**【管理法】** 小型なので水やりは細かい目のジョウロで丁寧にかけるが、乾燥に強いので頻繁に与える必要はない。

道路のガードレール下に生えるギンゴケ

ギンゴケと同様の場所に生えるハマキゴケ

## ハイゴケ（ハイゴケ科）

日当たりの強いところでも湿度が高ければよく育つ。日当たりの草原の中、あぜ道脇、岩上などに這うように黄緑色の平らな群落をつくる。乾燥しても縮れの変化が少なく、美しく、剛健で管理も容易なので、苔庭、苔玉、アクアテラリウムの下草、鉢の土隠しなど用途が広く人気が高い。

**【生長形態】** 茎は10㎝前後に這うように伸び、ほぼ規則的に羽状に枝を伸ばす。黄緑色かやや茶色を帯び、乾くと枝が立ち上がったように少し反り返る。
**【植え付け法】** マット状に採取したいが、ほぐれてしまっても用途によっては十分に利用できる。厚いマットは、裏側の褐色化した部分をハサミで取り除く。用土は畑土と川砂に樹皮培養土を混ぜて使うが、樹皮培養土だけでも良い。マットを押しつけ、半分隠れるくらいに目土をかける。木・石付けなどには植物用の接着剤や糸で固定する。
**【管理法】** 勢いよく散水すると水圧ではがれやすいので、水やりは細かい目のジョウロで丁寧に行なう。剛健で、マット状に密生すると雑草の発生も少なく永年繁殖し続ける。管理は容易だが、スギゴケを負かすほど強いので、ほかの苔の中に転移したものは取り除く。

## シノブゴケ（シノブゴケ科）

園芸では大型のオオシノブゴケ・トヤマシノブゴケ・アオシノブゴケなどをシノブゴケとして扱っている。葉の形は異なるが、いずれも生育環境や全体の繊細な感じは同じ。日陰地の湿った地上や岩上、腐木上に小規模な群落をつくる。横に這い、葉の緑色や特異な形が美しく、半日陰で適度な湿り気があればよく育つ。苔庭、苔玉、盆景、テラリウムなど用途は広い。

**【生長形態】** 茎は１～３回羽状に細かく平面的に分枝する。種類や生息環境により茎の長さや葉の大きさは異なるが、葉はほぼ三角形で繊細な感じ。
**【植え付け法】** 腐った木に群生しているものはマット状に採取できる。用土は畑土と川砂に樹皮培養土か腐葉土を混ぜる。ハイゴケと同じく、マット状のものは張り苔法、ほぐれたものはまき苔法でよく育ち、石付け・木付けも定着しやすい。湿度を保持できるアクアテラリウムなら、マット状のものを岩や流木にかぶせておくだけでも良い。
**【管理法】** 定着するまでは動いたり、はがれやすいので、細かい目のジョウロで丁寧に水やりする。霜柱で浮いた苔はそのつど踏みつけておき、暖かくなったらしっかりと定着させる。

這って群落をつくる

丸いサクが美しい

## タマゴケ（タマゴケ科）

スギゴケに似ているが淡緑色で、湿った林の縁や、腐植土のたまった岩上、崖などに半球状の塊になって生える。また乾燥気味のところでも半日陰地なら生える。いずれも大群落は形成しない。盆景では黄緑色の色が明るい感じを出すとともに、特徴的な丸いサクはテラリウムなどでもアクセントになる。

**【生長形態】** 明るい緑色で、茎は４～５㎝で枝分かれはせず、直立か、または斜めに立ち上がり、基部には褐色の仮根をたくさんつける。丸く特徴のあるサクをよくつけ、緑色から熟すと褐色になる。
**【植え付け法】** 半球状の塊のまま崩さずに採取する。用土は畑土に川砂、それに腐葉土を少量混ぜたものを使い、塊のまま土に埋め込み移植する。大きな平面をつくるのは難しいので、庭では斜面や岩の周りなどに植え付けると良い。石付けは、くぼみにケト土主体の用土で植え付ける。
**【管理法】** 形はスギゴケに似ているが、丈の変化が少ないので刈り込みの必要はない。湿りを好むので、通常よりは水やりを多めにする。

地下茎で増える

## コウヤノマンネングサ

（コウヤノマンネングサ科コウヤノマンネングザ属）

マンネンゴケ、コウヤノマンネンゴケとも呼ばれ、山地の林の中の腐植土上に生え、川沿いの林のようなやや湿気の多いところを好む。大型の優美な苔なので、鉢植えや盆景、テラリウムでは樹木を表わすようなアクセントに使われる。フロウソウやフジノマンネングサも地下茎で伸びる大型の苔で、同じように使うことができる。

**【生長形態】** 黒褐色の仮根をつけた地下茎が地中を長く這い、ここから直立して茎を伸ばす。直立茎の基部は鱗状になり、上部で多く枝分かれする。
**【植え付け法】** 地下茎で繁殖するので地下茎ごと採取する。用土は畑土に川砂と腐葉土を混ぜる。地下茎を伸ばして用土に広げ、茎を立てて目土を厚めにかぶせる。１本ずつ移植するときも地下茎を少しでもつけて用土に深く差し込む。
**【管理法】** 湿度を好むので、用土を乾燥させなければ地下茎から旺盛に新しい芽が伸びてくる。空中湿度の低いところでは茎葉があまり開かず褐色化してくることがあるが、地下茎から新しい芽が伸びて大きくなるのを待って、枯れた部分を取り除くと良い。

## シッポゴケ

（シッポゴケ科　シッポゴケ属・ツリバリゴケ属）

園芸では、カモジゴケ、シッポゴケ、オオシッポゴケ（シッポゴケ属）や、ヤマトフデゴケ、フデゴケ（ツリバリゴケ属）などをシッポゴケとして扱っている。茎葉が動物の尾のような形をしており、主に腐植土の半日陰地に密な群落をつくる。

**オオシッポゴケ**　明るい緑色、丈５㎝程度で仮根は褐色。山地の林の腐植土がたまった場所によく半球状の塊となって普通によく生える。苔庭、テラリウムなどに向く。
**カモジゴケ**　濃い緑色で丈２～７㎝、褐色の仮根をつけ、乾燥すると鎌状に曲がる。砂質を好み、比較的乾燥に強く苔庭に向く。
**シッポゴケ**　黄緑色の大型の苔で、白っぽい仮根をつける。湿地を好むが、乾燥してもあまり縮れず粗い感じのマットをつくる。
**フデゴケ**　丈７㎝の光沢のある美しい緑色で密に仮根をつける。乾燥、日照に強く苔庭に向く。
**【植え付け法・管理法】**　用土は畑土に腐葉土、川砂を混ぜる。カモジゴケは川砂を多めにする。塊のまま少し深めに差し込み移植する。シッポゴケ科の同じ仲間だが性質が異なるものもあるので、用途や移植場所によって使い分ける。日照地では朝か夕方に水やりする。

## ミズゴケ（ミズゴケ科ミズゴケ属）

日本では40種類ほどあり、林の中の湿った地上や湿地、水の滴るような岩上などに生える。川辺のものは枯れ葉などがゴミのようにからまっており扱いにくい。岩場のものはきれいにマット状にはがれる。細胞の中に多量の水分を蓄えることができるので、園芸ではランの用土や保水用材として利用される。

**【植え付け法・管理法】**　園芸用土として販売されているものも、薄く緑色の残った質の良いものを購入すれば、栽培用に利用できる。ビニール袋にしっとり湿らせたミズゴケを入れ、袋を膨らませて密封し、涼しい日陰に置いておくと緑色を再生してくる。数カ所穴をあけた発泡スチロール箱に敷き詰め、水を与えていても青みを増してくる。抗菌性があるためカビの発生の心配はない。緑色部分を選んで植え付けたり、そのまま苔玉にしても良い。日陰に置いて十分に水分を与えておけばよく育ち、水の与えすぎによる過湿の害はない。

# ②章 苔園芸の楽しみ方

# 苔玉

苔玉の魅力は、なんといっても一年中変わらない緑の玉。形や大きさは植物に合わせて自由自在。主に小型の苔を用いますが、もちろん苔だけでも十分楽しめます。

**コクマザサの苔玉**

コクマザサは日陰に強く常緑なので１年を通してインテリアとして楽しむことができ、洋室にもよく合います。一般的に笹類は水を多く好むので、粉引きの浅鉢に少量の水をためて飾っています。

# 軍手苔玉

軍手での苔玉つくりは、いたって簡単。根鉢をそのまま利用してスポッと入れる（ケト土をつけずに苔を巻き、糸でしっかり固定する）だけ。軍手は水分をよく保持するので水やりも楽で、苔も元気に育ちます。写真のバラは二カ月後には根が何本も苔玉の外に飛び出してきました。

［材料］
軍手1枚、化繊糸、苔（ハイゴケ）、ミヤビバラ、せん定バサミなど。植物の用土は赤玉土など、市販の草花用土を使う

1 植物を鉢から抜き、周囲の根をほぐし、軍手に合わせて根鉢を切る。軍手は裏返しにして指部分を軍手内に入れておく

2 裏返した軍手の底に用土を入れて高さを調節し、整理した根鉢を入れて株元まで包み込むように軍手の口を戻しておく

3 苔を巻く。ここではケト土は必要ないので大きめのブロック苔のほうが巻きやすい。苔が重ならないよう全体に巻く

4 苔を巻き終わったら糸を横に4〜5回巻いて苔を固定し、ここで苔玉の形を整えてから、縦横に糸を巻き、糸の先端はピンセットなどで苔の中に埋め込んでおく

5 最後に両手でしっかりと苔玉の形をつくり、たっぷり水やり。バケツなどに2〜3分浸けておくのもよい
下の写真は完成後の状態

# ミズゴケ巻き苔玉

前ページの軍手の代わりにミズゴケを根鉢のまわりに巻いて糸で固定し、その上に苔を巻いた苔玉です。植物の用土は、崩れないよう粘りのあるケト土を主体に使います。ミズゴケは水をよく含むので湿度がよく保持され、夏越し・冬越しが楽になります。

できあがったミズゴケ巻き苔玉

**［材料］**
用土（ケト土 3、赤玉土細粒 3、腐葉土または樹皮培養土 3、富士砂 1、炭片少々）、ミズゴケ、樹木、苔、化繊糸、霧吹き、ピンセット、ハサミなど

**1** 植物を植える用土はケト土、赤玉土細粒、樹皮培養土を等量。多湿を嫌う植物には富士砂や炭片を少量混ぜるのも良い

**2** 用土材料は前もってしっかりと練り合わせる（30分くらい練る）。なじみにくいときは水を少しずつ加えながら調整する

**3** 混ぜ合わせた用土（団子状）と植物（ベニシタン）、苔（ハイゴケ）、ミズゴケなど

**4** 樹木をポットから抜き、根をほぐし、長い根は切り詰める。肩の部分の土も少し落としておく

**5** ベニシタンの根鉢の整理が終わったら、練り合わせた用土を根鉢に張りつけるようにして少しずつ足していく

**6** 地上部と用土量のバランスが取れたら、好みの形に整える

**7** あらかじめ湿らせておいたミズゴケを平らに広げて置き、その上に根鉢を置いてミズゴケでくるむ

**8** おにぎりを握る要領で強く握りしめ丸く固めてから、糸で縦横に各3～4回巻いて仮止めする

**9** さらにミズゴケの上に、苔をできるだけ重ならないように張って（くるみ）、しっかりと形を整える

**10** 形をつけながら糸を縦 - 横 - 縦…と巻いて先端は用土内に差し込んでおく。糸は途中で切れてもかまわず巻いていっても大丈夫

**11** 苔の固定が終わったら、形を整え、2～3分水に浸けるか、ジョウロなどでたっぷり水やりしておく

# ミズゴケ玉
# 苔玉

土を使わずミズゴケや樹皮培養土などだけで玉をつくり、そこに苔を巻いた苔玉です。苔玉の中は空気も水もよく含まれるので、植える植物は野生ランや球根、湿生植物が適しています。植えた植物のために時々薄い液肥をかけてやります。

山野の林下などでよく目にするヤブラン。7～10月に多数の花を密につけ、やがて球形の果実が紫黒色に熟します。

樹皮培養土を苔（ハイゴケ、シノブゴケなど）でくるんである苔玉キット（有モス・プラン）。写真は晩秋でも青々しているシノブゴケの苔玉。

**［材料］**
用土（樹皮培養土、ミズゴケ等量）、ハイゴケ、里山で採取してきたヤブラン

**1** 用土材料は霧吹きなどで軽く湿らせて十分混ぜてから平らに敷き、ポットから抜いた植物をのせる

**2** 根の間にも十分用土が入るよう注意しながら用土を固く丸めていく。形ができにくいときは霧を吹きながら作業するとよい

**3** 苔（ハイゴケ）が重ならないように用土をくるむ。底部分には苔がなくてもよい（底部に苔を巻いても、いずれはなくなる）

**4** 糸は最初は苔がはがれ落ちないよう横に4～5回巻きつけてから、形を整えながら縦にしっかりと底の中央部で重なるように巻き上げていくのがコツ

# ケト土苔玉

草木の根鉢にケト土主体の用土を張りつけるようにして団子をつくり、そこに直接張り苔した苔玉です。土に生えて乾燥に強い山苔やギンゴケ、アオギヌゴケ、湿りを好むハイゴケ、シノブゴケが適しています。

**シダ、シロバナサギゴケ、スミレなど道端の雑草でつくった苔玉**
苔玉はガラスの器とも相性が良く、テーブルコーディネイトにはうってつけ。飾り台は黒陶鉢皿。

**ヘビイチゴの苔玉**
飾り皿から飛び出すほどに長く伸びたライナーが特徴的。

**ヒメイグサとヘビイチゴの寄せ植え**
鉢から抜き取り、根鉢の周囲や底の根を切り詰め、根鉢の底にネットを針金ピンで止め、張り苔します。張りにくい所はケト土を周囲に塗るようにつけ、針金をコの字型に曲げたピンで苔を止めてあります（根洗い）

**[材料]**
ケト土、赤玉土（小粒）、富士砂、鉢底ネット、銅線（盆栽用）、山苔

**1** 写真上は山野草苗、下は山苔。山野草を扱う園芸店で売られているが、手に入らなければ街中に自生しているギンゴケを使用

**2** ケト土３、赤玉土１、富士砂１の割合で配合し、水を少しずつ加えながら練ってケト土主体の用土をつくる。よく練らないとひび割れるので注意。固さは耳たぶ程度

**3** 苔玉の大きさを想定してネットを丸く切り、ネットの直径の約2.5倍の長さの銅線を十字に通しておく

**4** よく練った用土を広げて薄くネットに敷く。厚さは１㎝程度

**5** 寄せる苗を背の高いものから順に配置し、用土を根の間にすきまなく入れ込むようにして植え付け、ネットに通した銅線を埋め込んでおく

**6** さらに用土を加えていき、好みの大きさの玉にする

**7** 植え込んだ苗のバランスやケト玉部分の形を整えておく

**8** 山苔の裏側を水で洗い、仮根が露出するように余分な土を取り除いて、軽く水分を押し出してから張る

**9** そのままのサイズで使用せず、１㎝四方程度の小さなサイズにちぎって張りつける（シノブゴケやハイゴケを使用する場合は46ページ参照）

**10** 苗の根元から順に下のほうへ、竹串で軽く押さえるようにして苔を張る

できあがった苔玉
用土が固まるまでの４～５日間は日陰に置き、霧吹きで１日２～３回水を与える。以降はジョウロを使用。

**11** 張り終わったら、おにぎりを握るような感じで軽く握って余分な水分を絞り出し、苔を用土に密着固定させる

**12** 最後に霧吹きで表面の汚れを洗い流してできあがり

**（制作・執筆／岡田雅善）**

# 苔玉の管理

（執筆／岡田雅善）

**水やり**

水は一日に一回、朝に先の細いジョウロで根元にたっぷりとあげてください。乾かしすぎたときなどは、バケツなどに水をため、少しの間（二～三分か気泡が出なくなるまで）浸しておくのも水やりの方法として効果的です。

特に夏場や風の強い日には朝夕の二回たっぷり水やりします。なお、冬場の水やりは、土が乾いてから（二日に一度程度）が原則ですが、小型の苔玉の場合は水分の蒸散が早いので毎日水やりしても問題はないでしょう。いずれにしても苔玉に触れてみて乾燥具合を確認するのが確実です。

**置き場所**

苔も草木も光を糧に生きる植物ですから、日の当たる屋外での管理を基本とします。室内に飾るのは、花などの咲いている旬の時期や、お客様を迎える場合にしましょう。苔玉は、一日最低数時間でも外気に触れさせてあげることが重要です。また、受け皿に水がたまった状態が続くと植物の根腐れの原因になります。

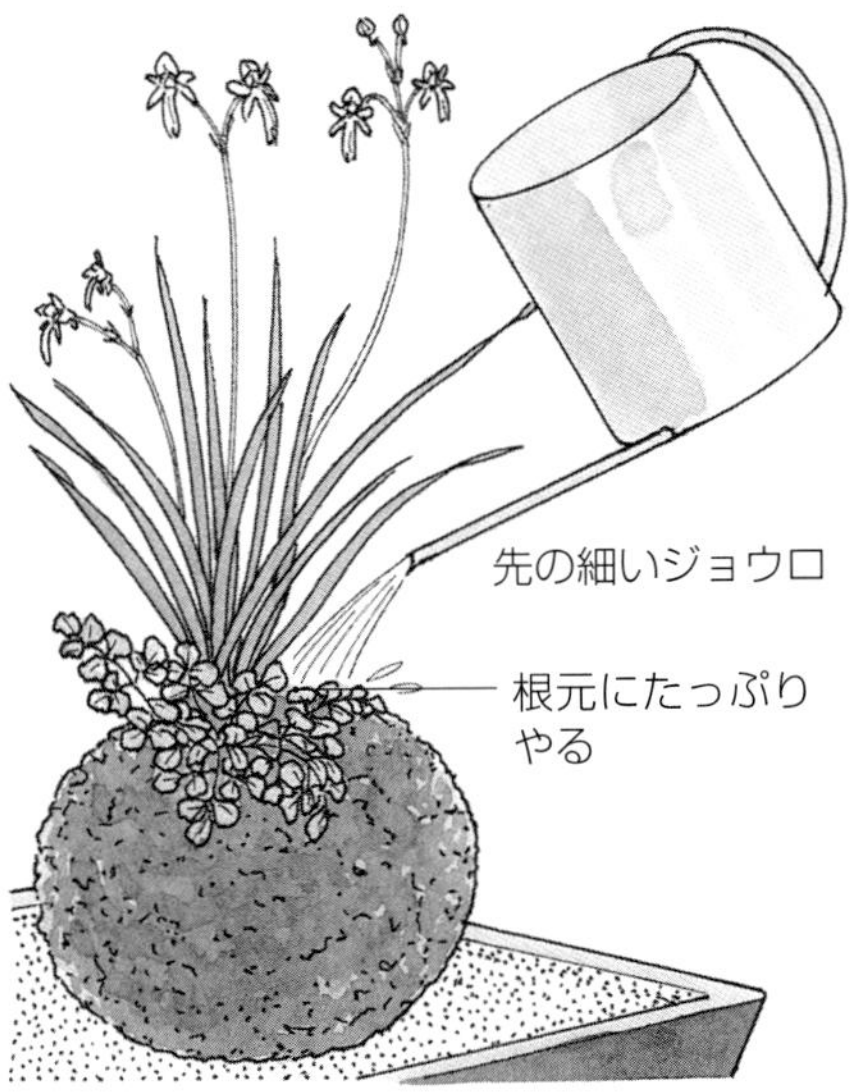


苔玉の水やり

置き場は、日当たりを好むものや日陰を好む植物によって変わりますが、一般的に春の生長期や秋は日当たりに置き、夏場は直射日光は避け、涼しい日陰に移してあげます。また、冬場は寒風の当たる場所はスダレを立てるなど、寒風対策は重要です。

**肥料**

草木には、夏場を除く三月から十一月の間に月一回程度の割合で薄い液肥を与えてください。

苔玉は自然の風情を楽しむものです。あまり肥料をやりすぎて大きくなりすぎると不自然です。肥料はひかえめに与えるほうが、年々可愛い姿となります。

## 防虫

日当たりと風通しが良く、適度の水や肥料を与えていれば、さほど病害虫の心配はいりません。しかし、なかには害虫のつきやすい草花もあります。市販されている噴霧型の殺虫・殺菌剤を使用する際には、できるだけ苔に薬剤がかからないよう苔玉をビニールで包み、薬剤が乾いてからビニールを取り除きます。

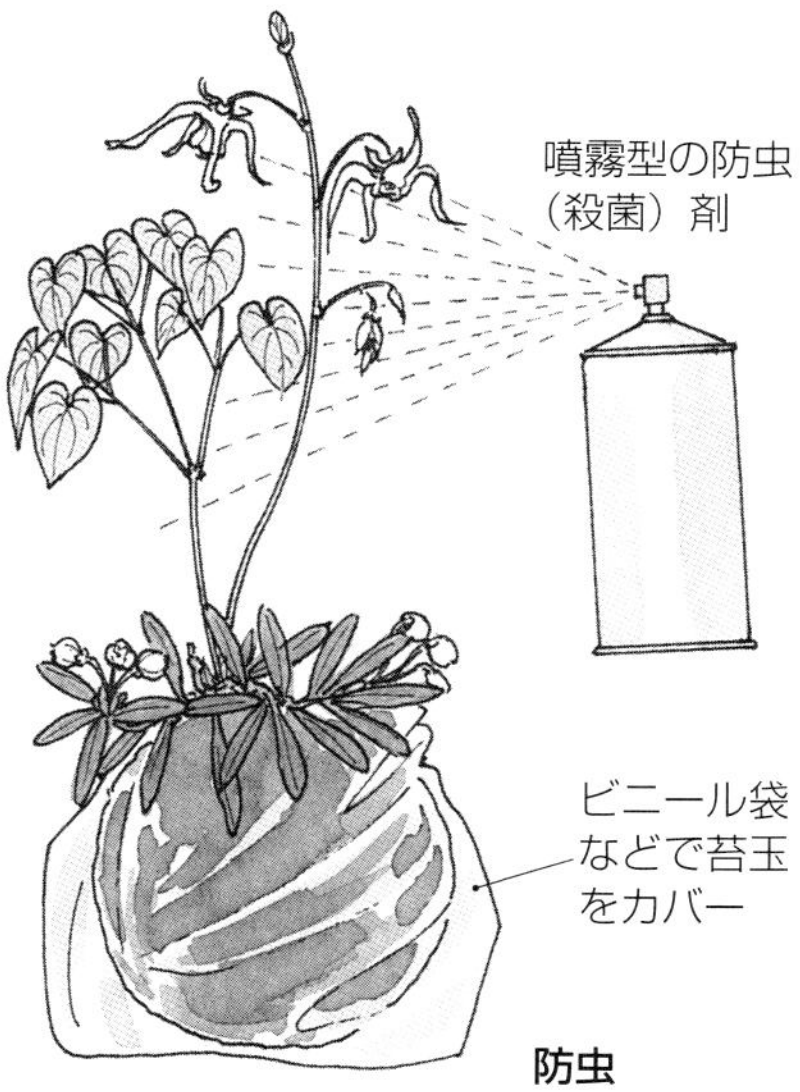
噴霧型の防虫
（殺菌）剤
ビニール袋
などで苔玉
をカバー
防虫

## 整理

特に飾る前などは、苔から生えてくる雑草をピンセットで抜き取る、伸びすぎたり茂りすぎている部分をハサミで切る、などして容姿を整えます。葉先が枯れて見苦しい葉は根元から切ります。

ただし、全部を取ってしまうと季節感が損なわれてしまいます。

## 修理

苔が枯れたり、はがれた場合は、その部分の苔を張り替えてください。方法は、該当部分のケト玉に霧吹きで十分水を含ませ、柔らかくしてから竹串を使って新しい苔を張ります。苔がつきにくい場合は、細めの黒い木綿糸でしばってあげます。綿百パーセントの糸であれば時間の経過とともに溶けてなくなります。

なお、黒っぽくなってしまった苔玉は、水のやりすぎや蒸れが考えられるので、戸外の風通しの良い半日陰に置き、水やりの回数を今までの半分くらいに減らして養生すると、二カ月後くらいからグリーンがもどってくるでしょう。

**Q 苔玉ってどのくらいもちますか**

**A** 苔玉に限らず苔盆栽全般は、管理さえしっかりしていれば何年でももちます。冬場に枯れてしまったので捨てた、という方がいらっしゃいますが、紅葉した葉は必ず落葉しますし、大半の山野草は地上部を枯らして冬越しします。これらは枯れたのではなく、春の新緑に向かって準備をしているのです。葉がすべて落ちたり、地上部がなくても、二〜三日に一度は必ず水やりをしましょう。ただし、水が極端に少なければ本当に枯れますし、多ければ根腐れしてしまいます。冬場の水やりには十分な注意が必要です。

# 苔鉢盆栽

苔鉢盆栽は手軽にできるミニ盆栽、草物盆栽。鉢も身近な容器に穴をあけてつくりましょう。苔玉より育てやすく、年々風格が増してきます。

できあがった苔鉢盆栽。焼き締め風の湯呑み茶碗を鉢として使っています。また、70㎜四方（厚さ10㎜）のアルミ板を飾り台として利用。

**ヤブコウジのみを植え込んだ苔鉢盆栽**
花の少ない冬場はヤブコウジの赤い実が貴重な存在に。小ぶりのそば猪口の底に排水穴をあけ鉢に転用。

**1** 材料の用意
ケト土、赤玉土（小粒）、富士砂、鉢底ネット、銅線（盆栽用）、鉢、苔（山苔）、山野草の苗（黒軸カリヤス、ササリンドウ、ヘビイチゴ）

**2** 用土は、赤玉土小粒 3、ケト土 1、富士砂 1 の割合で配合

**3** 鉢穴に合わせてネットをカットし、鉢の直径の約 2.5 倍の長さの銅線 2 本をネットの穴をくぐらせて十字にかける

**4** ネットを鉢底に敷き、短めの銅線を使ってネットを鉢穴にしっかりと固定する。鉢底側から 2 本の銅線の両端を鉢裏に通し左右に折り曲げる

**5** 固定したネットを上から見たもの。内側の十字にかけた銅線は、あらかじめ広げておく

**6** 植え込む苗の土を落とす。この際に、長めの根を切っておく

**7** 鉢底に少量の赤玉土を入れる

**8** 苗を背の高いものから順に植え、銅線を折り曲げて固定する

**9** 2 で配合した用土を入れていく。竹串を使って、根の間にすきまができないようにする

**10** 用土が入ったら水差しなどで水を与え、土を締める。用土が少なくなったら追加し、さらに水を与える

**11** 48ページの 8、9、10 と同様に山苔を、植え込んだ苗の根元から張ってできあがり（右ページ上写真）

（制作・執筆　岡田雅善）

# 変わり鉢で楽しむ

形のおもしろいイラカの飛び瓦に植えたタツナミソウ。こぼれ落ちるように群生して咲く春の姿は風情があります。

山野草の苔鉢は、高価な鉢よりも台所の使い古しの食器（ぐい飲みや小鉢）や竹製品、見捨てられた廃材、貝殻類など、意外におもしろいものが身近にたくさんあります。

朽ちかけた乱杭上に生えた晩秋のシダとマツバイ。浅鉢の水に映る姿も趣があります。

## 食器などに排水穴をあける方法

硬いガラスや磁器は難しいですが、陶器なら簡単に穴があけられます。

**1** 鉢に仕立てたい器と、濡れ雑巾、コンクリート用クギ（ホームセンターで購入）、金づちを用意

**2** 器の下に濡れ雑巾を敷き、器の中に少量の水を入れ、器が割れないように金づちでクギを軽く何回かたたく

**3** 器に小さな穴があき、水が抜けてから、少しずつ穴を広げる。
＊金づちでたたく強さは実際にやってみて調整してください。

# 炭鉢盆栽

炭はよく吸水し、苔の好きな湿度を保ってくれます。マイナスドライバーやノミなどで植え穴をあけて鉢代わりに用いると、炭の黒が苔や植物を引き立て、苔だけでもすてきです。ただし、お茶席などで使われる菊炭（クヌギ炭）は割れやすいので、植え穴の大きさは径の半分くらいにとどめます。

日当たりと水はけ、風通しの良いところを好むスカビオサ（西洋マツムシソウ）。地苔（アオギヌゴケ）は器に植えた植物のまわりに張ると、日当たりでもよく育ちます。

炭鉢のいろいろ。右の竹炭鉢は山苔、他のふたつはアオギヌゴケ、左の植物は一重のミニバラ。

# 抗火石鉢
# 苔盆栽

［材料］
用土（赤玉土小粒７，ケト土２、富士砂１）、抗火石、植物（セキショウ）、苔（スナゴケ）、ピンセット、霧吹きなど

**1** ここでは市販の抗火石に植えられていたものを再利用。植え穴は小さめのものが多く変化も少ないので、ノミやマイナスのドライバーなどで掘り直す

**2** 植物の根鉢を整理し、新しい用土を用いて植え付ける。菜ばしなどを利用して根のまわりにもしっかりと用土を入れる

**3** 苔を張る。狭いスペースなどはピンセットを用いて丁寧に張り、上から押さえてしっかりと用土に密着させる

**4** 最後に汚れを洗い流しながら霧吹きなどで十分水やりし、苔を軽く押さえつけて用土と密着させる

ハゼの寄せ植え苗が植えられていた抗火石鉢。形に味がなかったのでペンチとドライバーで加工し直しました。

抗火石は多孔質の軽石で軟らかく、水をよく含み、苔鉢には最適です。ホームセンターの資材コーナーなどに穴をあけていないカットしただけの塊が並んでいます。マイナスドライバーやノミで自由自在に加工できるので、植える植物に合わせて、彫刻をするように好みの位置・大きさの植え穴をあけたり、石の形を整えます。

# 苔シートの石付き苔盆栽

これは抗火石に、乾燥した苔を圧縮して糸で縫ったコケシート（商品名コケペロット）を、生花用接着剤や糸で固定してつくった石付き苔盆栽です。コケシートは、土や山砂をはじめ石や草木にも貼りつけることができます。スナゴケ（日向用）、ハイゴケ（半日陰用）、シノブゴケ（日陰用）の三タイプがあり、簡易保湿容器に入れたり、毎日朝夕水をやれば、約二カ月後には新芽が出始めます。

1 材料の用意
生花用接着剤「オアシス・フローラルアドヒーシブ・クリアタイプ」、コケシート、植物（斑入りヤブコウジ、シノブ）、抗火石

2 赤玉土細粒にケト土を３割混ぜた用土を、あけた植え穴に入れ植物を植え付け、表土には水に浸したコケシートの白い面を下にして手で水分を押し出しながら表土に定着させる

3 接着剤は仮止めできればよいので、貼る部分にできるだけ薄く塗る。くぼみの部分とシートの縁部分を中心につけるとよい（全体に塗布する必要はない）

4 乾いたままのコケシートを形に合わせて切り（できるだけ大きな面積で貼るほうが良い）、シートが重ならないよう白い面を上向き（接着剤使用の場合）にして張る

5 ここでは小島のイメージで全体に貼った。接着しにくい部分は糸などで固定する

6 約１日後、接着剤が固まったら、白い面を軽く水で洗い流し、手のひらで押さえて全体を密着させておく。白い紙は水に溶けて流れる（ブラシの使用は禁物）

# 苔鉢盆栽の管理

（執筆／岡田雅善）

苔鉢盆栽の管理法は基本的には前述の苔玉と同じです。ここでは異なる部分を重点的に説明します。

**水やり**

苔鉢盆栽は苔玉よりは乾きにくいですが、鉢が小さいとよく乾きます。苔の表面が乾いたら、底穴から出るくらいたっぷり与えます。天候にもよりますが、屋外では毎日、早朝に水やりします。ただし、夏場は朝夕の二回、冬場は二日に一回程度、土が乾いてからで十分です。冬場の水のやりすぎは、植えた植物の根腐れの原因になります。十分に注意しましょう。

**置き場所**

苔玉同様、屋外での栽培を基本とします。室内に飾るときは、一回数日以内とするか、午前中は屋外、午後は室内、というように、乾燥・日照不足の室内に長く入れたままにすることは避けましょう。また、春の生長期や秋は日当たりに置き、夏場のみ日陰を好むものを木陰などに移動します。

自然にタネが訪問してくれるスミレやタンポポなどの野草も楽しみ…。

**肥料**

植えた植物のために春と秋の二回、化学肥料を一、二個施します。苔に害にならないよう、鉢縁にピンセットなどで穴をあけ、用土の中に押し込みます。春と秋に半月おきくらいに薄い液肥を与える方法もおすすめです。また、春よりは秋に多めに施してください。

いずれにしても肥料を与えすぎると自然の風情が損なわれてしまうので、与える肥料の量には十分注意しましょう。

丸箸などで
鉢縁に穴を
数カ所あける
穴にピンセット
などで肥料を押
し込む
肥料の与え方

## 防虫

苔玉同様に日当たりと風通しが良く、適度の水や肥料を与えていれば、さほど病害虫の心配はいりません。しかし、油断は禁物です。日々の点検を欠かさないようにしましょう。

## 植え替え

長年植えたままで育てていると、根がまわって根づまりし、生育が悪くなり、根腐れや病気の原因になります。植物によって異なりますが、小さな鉢は二～三年に一回は植え替え作業を行ないましょう。

まず盛り上がって生長した苔を、できるだけくずさないよう土をつけて取り除きます。次にひっくり返して、鉢底のネットを固定した銅線を起こして鉢から根鉢を取り出し、古い土をピンセットなどですべて取り除きます。その際に、新しい根が出やすいように伸びすぎている根や古い根をせん定バサミで切ります。そして、新しい用土を配合し、同じ鉢（小さくつくりたいとき）か、ひとまわり大きめの鉢に植物を植え直し、取り除いておいた苔をしっかり密着させて、新たにつくり直します。

植え替えの季節は春先の三月ごろか、初秋です。春に開花するものや球根類は秋か開花後に、そのほかのものは根が伸び始める三月がよいでしょう。

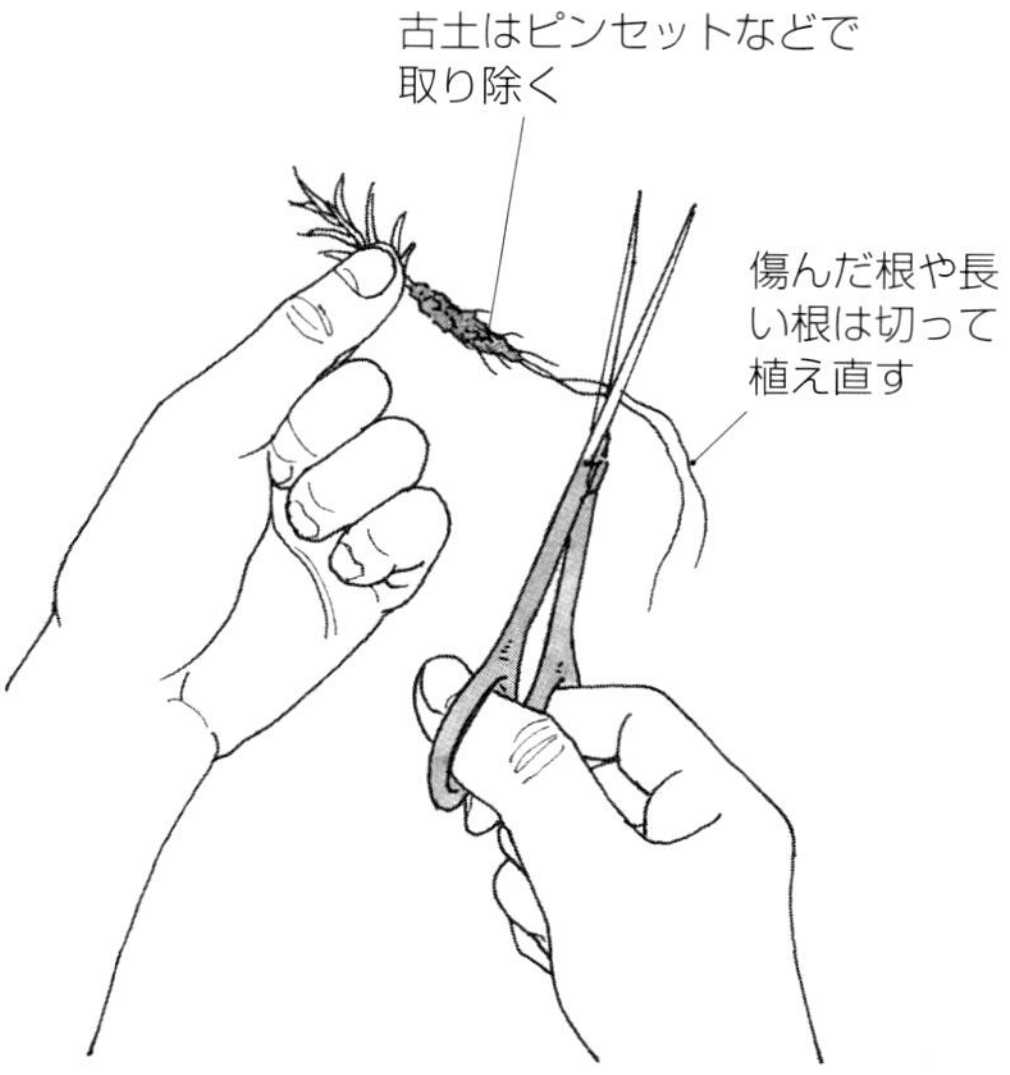
古土はピンセットなどで取り除く
傷んだ根や長い根は切って植え直す

**植え替えのときの寄せ植え植物の根のせん定**

**Q　部屋に飾っていたら植物がひょろ長くなったり異様に大きな葉がでてきたのですが…**

**A**　日光不足です。苔盆栽などの管理は屋外が原則です。できれば室内に飾るのは一回二～三日にとどめ、最低でも一週間のうち何日かは必ず屋外に出すよう心がけましょう。また、室内では数時間は日光が当たる窓辺や、風通しの良い明るいところで楽しみましょう。冷暖房器の近くは厳禁です。

# 苔盆景

浅い平鉢に土を盛って草木を植え、自然山河の四季を盤上に奏でる盆景。テーマを定め、広がりと立体感を醸し出すことがコツです。

用土を盛って苔を張り、蛇行するせせらぎを表現するために化粧砂などを右から左へと曲線で敷きました。

## ユキノシタが見つめる早春の川辺

雪解け水のせせらぎに、岸辺のユキノシタが陽光を浴びています。

**[材料]**
平鉢、用土（黒土６，赤玉土細粒２、腐葉土または樹皮培養土２）、化粧砂、苔、排水用網、銅線またはアルミ線、植物（斑入りユキノシタ）、コテ、用土入れなど

**1** 材料を用意する
用土は植える植物によって配合する。ここでは苔の栽培にもよい黒土をメインに赤玉土細粒、樹皮培養土を配合

**2** 銅線を２本用いてネットを底穴に固定してから、中央部のやや右か左に寄せて用土を盛り上げ（浅い平鉢なので鉢底の中粒は入れない）、石と植物を配置する

**3** 配置が決まったら植え付け。起伏をつけて用土を入れ、コテなどでしっかり用土を締める

**4** 苔は鉢が大きい場合は数種を用いて変化をつけるとおもしろいが、この大きさでは１種類のほうがすっきりする。後は化粧砂を敷いてできあがり

## 晩秋の池辺の丘に紅葉するハゼ

すくっと伸びたハゼの紅葉が水面に映っています。

（撮影協力　岡田文夫）

**［材料］**
平鉢、赤玉土中粒（底土用）、用土（黒土5，赤玉土細粒3、桐生砂1、腐葉土1）、苔、底穴用網、銅線、植物（ハゼ）、添えの小物

**1** 植物固定用の銅線を十字にくくらせたネットで排水穴をふさぎ、赤玉土中粒を1㎝ほど敷き、メインのハゼを位置決めする

**2** 植え位置が決まったら、セットしておいた銅線でハゼの根鉢を結束して固定する

**3** 起伏をつけながら混ぜ合わせた用土を盛り、霧吹きで湿らせながら苔を張っていく

**4** 苔張りは、2㎝前後に切り分け、余分な土は落とし薄くしてから霧を吹き、押しつけるように張っていくのがポイント

**5** 苔と苔のすきまに目土の要領で用土をまいて足す

**6** 苔を張り終わったら、化粧砂を敷き、全体に霧を吹いて汚れなどを洗い流すようにたっぷり水やり

完成後の状態▶

# 苔盆景のつくり方

苔盆景は、苔の美しさを緑の濃淡の変化や草姿を生かしたり、起伏のある群落の味わいを楽しむなど表現方法は多彩ですが、苔のみ、あるいは石との組み合わせが基本で、土をあまり使いません。植物を植えるには、その部分を中心に用土を盛り上げ土の量を多くする必要があります。寄せる植物は山野草や、多少値が張りますが盆栽の素材としてある程度骨格のできている樹木（マツ類や細めのすらっとしたカエデやハゼなどの落葉樹）が適しています。

**苔盆景の鉢と用土**

鉢にはいろいろなものがありますが、盆景に適している鉢は深さ四〜五センチくらいの浅い鉢で、観賞用としては上薬を塗った釉薬鉢がよいでしょう。

用土は二三ページの表を参考にして、植える植物によって腐葉土（樹皮培養土）や富士砂などの火山地の細かい砂か吸水性・通気性が良い鹿沼土を加えます。

**盆景のデザイン**

盆景デザインの基となるのは、ハイキングや旅行のおりに印象に残った景色などを手本にするとよいでしょう。遠景＋中景＋近景または遠景＋中景、中景のみなど、簡単にイメージをスケッチします。そして、苔の種類や分量（鉢面積の二分の一から三分の二が目安）、または石や草木を配置して景観をつくります。限られた狭い面積に雄大な景色を写したいので森林、山など、苔の選び方ででき具合が左右されます。

**【石や化粧砂を有効に】** 苔盆景は、石を組み合わせる（左右どちらかにずらして配置する）ことにより苔の美しさが強調されます。石は自然石が理想的ですが、景観に適した形のものを手に入れにくいので、抗火石などを好みの形に加工するとよいでしょう。

広がりが大切ですから、単独の群落は別にして盤上いっぱいに苔を植え込むと趣に欠け美しくありません。慣れないときほど広さを表す空間をつくり一部に白砂や薄茶色系、青色系の砂を敷くと、より苔が引き立ち、まとめやすくなります。

**【添える植物】** 小木のマツやヒノキ、モミジ、ウメ、ヤブコウジ、ササ類やダイモンジソウ、ユキノシタ、イワウチワ、イワカガミ、小型のシダ類も似合います。

**【適した苔】** 小型の苔を遠景、中型を中景、大型を近景に用いるのが基本です。スギゴケ、コスギゴケ、タチゴケ、スナゴケ、コツボゴケ、シッポゴケ、タマゴケ、ヒノキゴケ、ハイゴケ、ホソバシラガゴケなどは

苔と石の例

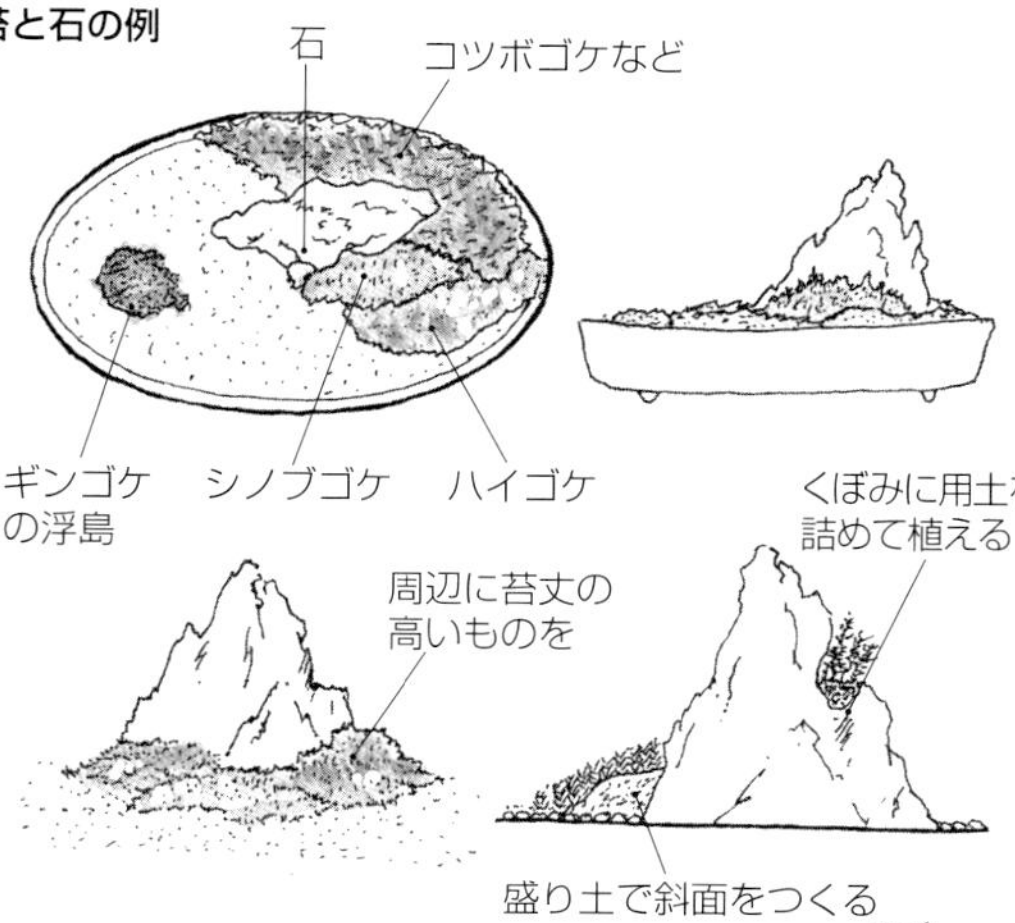
石
コツボゴケなど
ギンゴケ
の浮島
シノブゴケ
ハイゴケ
くぼみに用土を
詰めて植える
周辺に苔丈の
高いものを
盛り土で斜面をつくる

石と木を用いた例

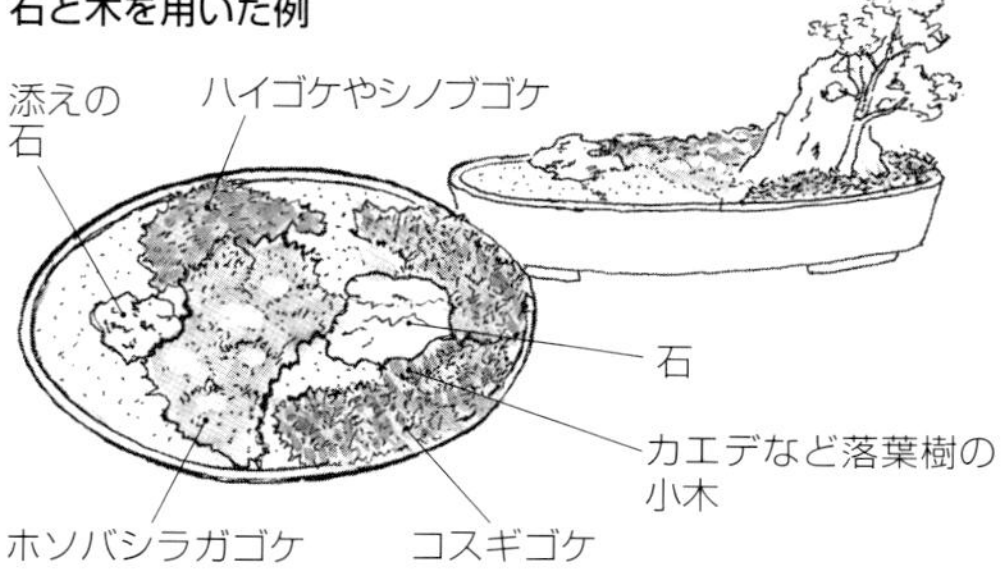
添えの
石
ハイゴケやシノブゴケ
石
カエデなど落葉樹の
小木
ホソバシラガゴケ
コスギゴケ

盆景デザインの例

苔の種類と景観描写の例

| | 遠景 | 中景 | 近景 高木 | 石付き | 山丘 | 草原 | 森や林 |
|---|---|---|---|---|---|---|---|
| ホソバシラガゴケ | ○ | ○ | ○ | ○ | ○ | ○ | |
| スギゴケ | | ○ | ○ | | | | ○ |
| コスギゴケ | | | ○ | | ○ | | ○ |
| ヒノキゴケ | | ○ | ○ | | | | ○ |
| フデゴケ | | | ○ | ○ | | | ○ |
| カモジゴケ | | | ○ | | ○ | ○ | |
| タチゴケ | | | | | | | ○ |
| シッポゴケ | | | ○ | | | | |
| ギンゴケ | ○ | ○ | ○ | ○ | ○ | ○ | |
| アオギヌゴケ | ○ | ○ | ○ | ○ | | ○ | |
| スナゴケ | | | | ○ | | | |
| ハイゴケ | | | | | | ○ | |
| タマゴケ | | | ○ | | | | ○ |
| コウヤノマンネングサ | | ○ | ○ | | | | |
| シノブゴケ | | | | ○ | | | |

単独の群落も美しく、添えとしてギンゴケ、ハマキゴケ、アオギヌゴケなどを組み合わせます。

## つくり方

苔盆景をつくるときは、鉢底に赤玉土や鹿沼土の中～大粒を敷き、用土を少なめに起伏をつけて入れ、コテなどで平らにならしながら押しつけ、張り苔か移植苔で植えます。苔と苔の間はあけずに密植し、斜面を利用して苔面積を増やすのがコツです。

石を用いる場合は最初に配置し、鉢底につくくらい埋め、用土で固定できないときは接着剤で軽くつけておきます。

草木は、植えたい場所・高さに用土を調節しながら根などを整理して植え込みます。苔は石や草木の周囲から張っていき、空間に化粧砂などを敷いて仕上げます。点景用の中～大型の苔は下地の苔の中にピンセットで差し込みます。苔の丈が高すぎるときは裏の土を落としたり、下部を切り詰めて使います。

植え付け後、苔全面に軽く目土の要領で細かい土をかけてから洗い流すように水やりするのも一法です。しばらくは半日陰に置き、ビニールなどで囲って保湿につとめます。

# 水辺苔盆景

## メダカが泳ぐ水鉢盆景

流木でつくった岸辺にハイゴケが垂れ、メダカが見え隠れしているミニビオトープ。風通しの良い窓辺などで楽しみます。

植物は湿生植物が適しており、水草やハイドロカルチャーの植物なら、用土はミズゴケだけでもかまいません。

フキノトウはしばらく楽しんだら取り出し、別の鉢に植え替えます。

3 用土を加えながら起伏をつけて植物を植え、手前にハイゴケを垂らすように張る。フキノトウは開花後、別の鉢に植え直すので、ミズゴケの中に埋め込む

2 流木と石、ミズゴケで土手をつくり、鉢底に過湿を防ぐためにハイドロボールを多めに敷く。

1 材料の用意
草花用培養土＋炭片2割、ハイドロボール中粒（鉢底用）、苔（ハイゴケ、ミズゴケ）、植物（フキノトウ、イワウチワ、姫足長虫取りスミレ）、流木、小石

観賞魚用の小砂利を敷き、汲み置きの水を入れ、メダカを放てばできあがり。

# 木付け苔盆景

**深山にたたずむ苔むした倒木**

枯木上は意外と乾きやすいので、乾燥に強いハイゴケやギンゴケ、アオギヌゴケ、山苔が良く、糸や接着剤で固定し、くぼみに植える植物も着生ランのセッコクを選びました。

水盤にスナゴケと炭片を敷き、接着剤で流木を固定
流木につけた苔は、特にくぼみのない部分が乾きやすいので、活着するまでは朝夕にたっぷり水やりしておきます。

**［材料］**
大きめの水盤、枯木、ケト土、接着剤（フローラル・アドヒーシブ／シリコンシーリング剤など）、植物（着生ランなど）、苔（スナゴケ、山苔、ハイゴケ）、化粧用の炭片または白砂など

**1** 材料の用意
流木はダムの縁で拾ったもの、植物は山野草店で入手したセッコクを利用

**2** セッコクをつける位置に湿らせたミズゴケを巻いてから、セッコクの根を広げて置き、その上にミズゴケを薄くかぶせるように巻いてから糸などで固定する

**3** 接着剤を薄く伸ばしながらハイゴケをつけていく。固定しにくいときは糸を巻いて結束する

**4** 流木のくぼみを利用し、樹皮培養土を用いて山苔を植える

**5** 水盤に接着剤を利用して流木を配置し、スナゴケと炭片で化粧してできあがり（写真上）。最後に霧吹きで十分水やりする

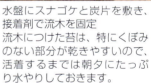

# 石付け苔盆景

**深い渓谷を見下ろす苔むす断崖**

石のくぼみにケト土を塗り、草木を植え、乾燥に強いギンゴケやハイゴケを張る（新芽が伸び始めるまでは十分水やり）と、石が生き返ったように風格が出てきます。

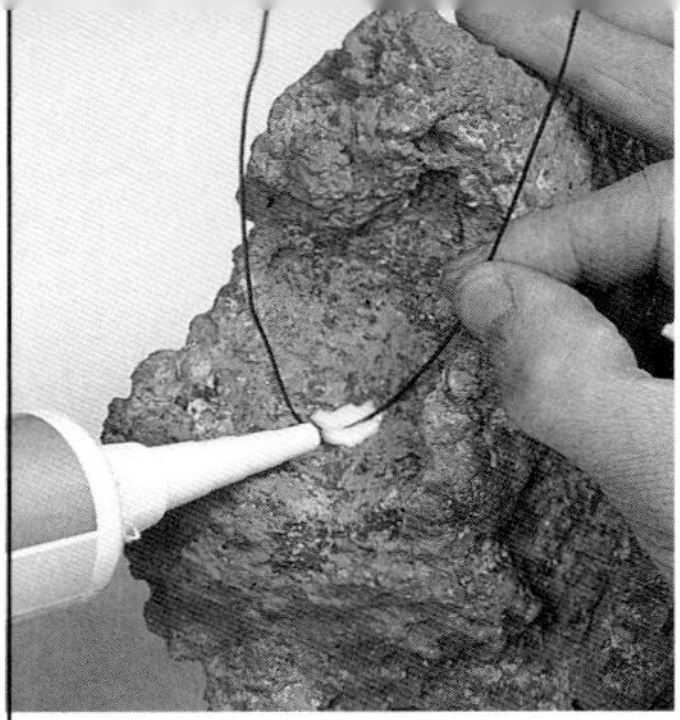

**1** 木を固定するための銅線を瞬間接着剤（セメダインスーパー）で固定する

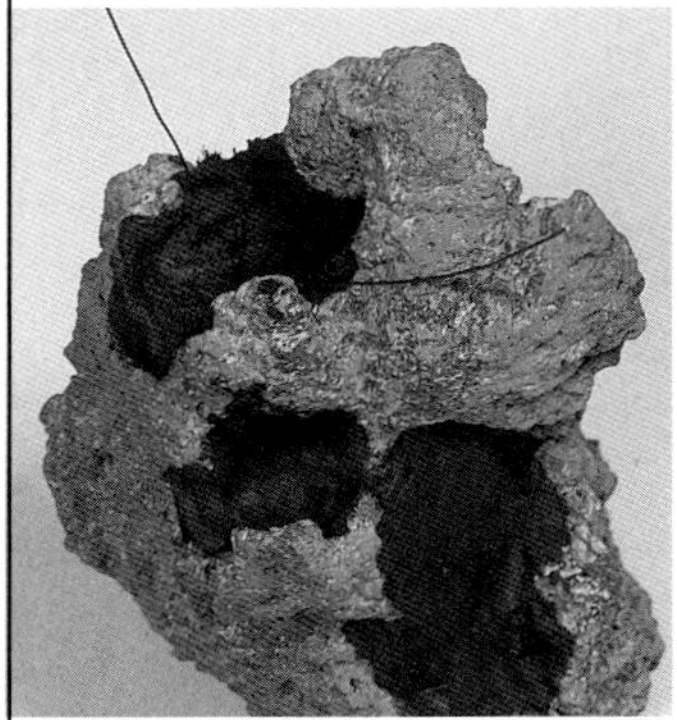

**2** 木を植えるところや苔を張る部分によく練った用土（ケト土＋赤玉土細粒２割）を厚めに塗りつける

**3** 長い根などをを整理したトキワヒメハギを配置し、接着しておいた銅線で固定。さらに用土を加えて根を覆う

**4** つけておいたケト土に湿らせた苔を張り、糸で密着するように結束する

**材料の用意**
石、ケト土＋赤玉土細粒２割（または草花用用土など）、銅線、瞬間接着剤、糸、植物（トキワヒメハギ、シノブ）、苔（ハイゴケ、アオギヌゴケ）など

たっぷり水やりしてできあがり。左の小石のアオギヌゴケはくぼみに張っただけ。

# 苔鉢への挿し芽、タネまき

苔鉢盆栽には可憐な山野草が似合っています。最初から寄せ植えするのが一般的ですが、苔が十分に定着してから、挿し芽やタネまきで育てる方法もあります。そのほうが最初に苔に適切な管理がしやすいので、失敗が少なくなります。

苔が繁茂して盛り上がったマットの中は、湿度も通気性も適度にあり、種子の発芽や挿し芽の発根に好適環境です。やり方が簡単で、図のように採取した種子は保存せずに、すぐ苔マットの中に「取りまき」しておきます。発芽したときからその鉢に合わせて育つので、寄せ植えしたものよりもコンパクトで丈夫な姿に育ちます。樹木もタネまきができます。苔の中からの芽生えは美しいものです。

挿し芽は、苔マットに穴をあけて挿すだけです。挿し芽は春と秋が適期ですが、蕾をつけた挿し穂なら、ほとんど伸びずにそのまま開花します。

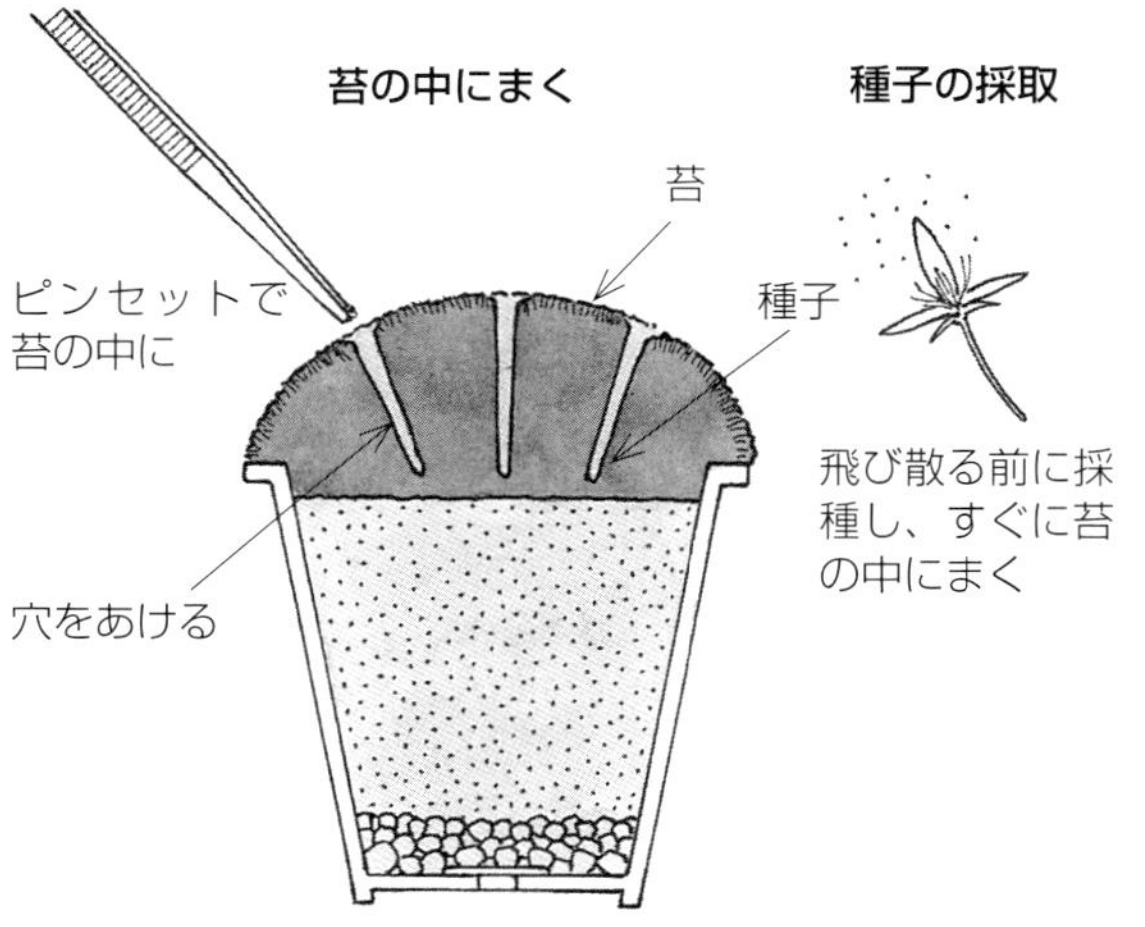
苔の中にまく
種子の採取
苔
ピンセットで
苔の中に
種子
飛び散る前に採
種し、すぐに苔
の中にまく
穴をあける

**苔鉢への取りまき**

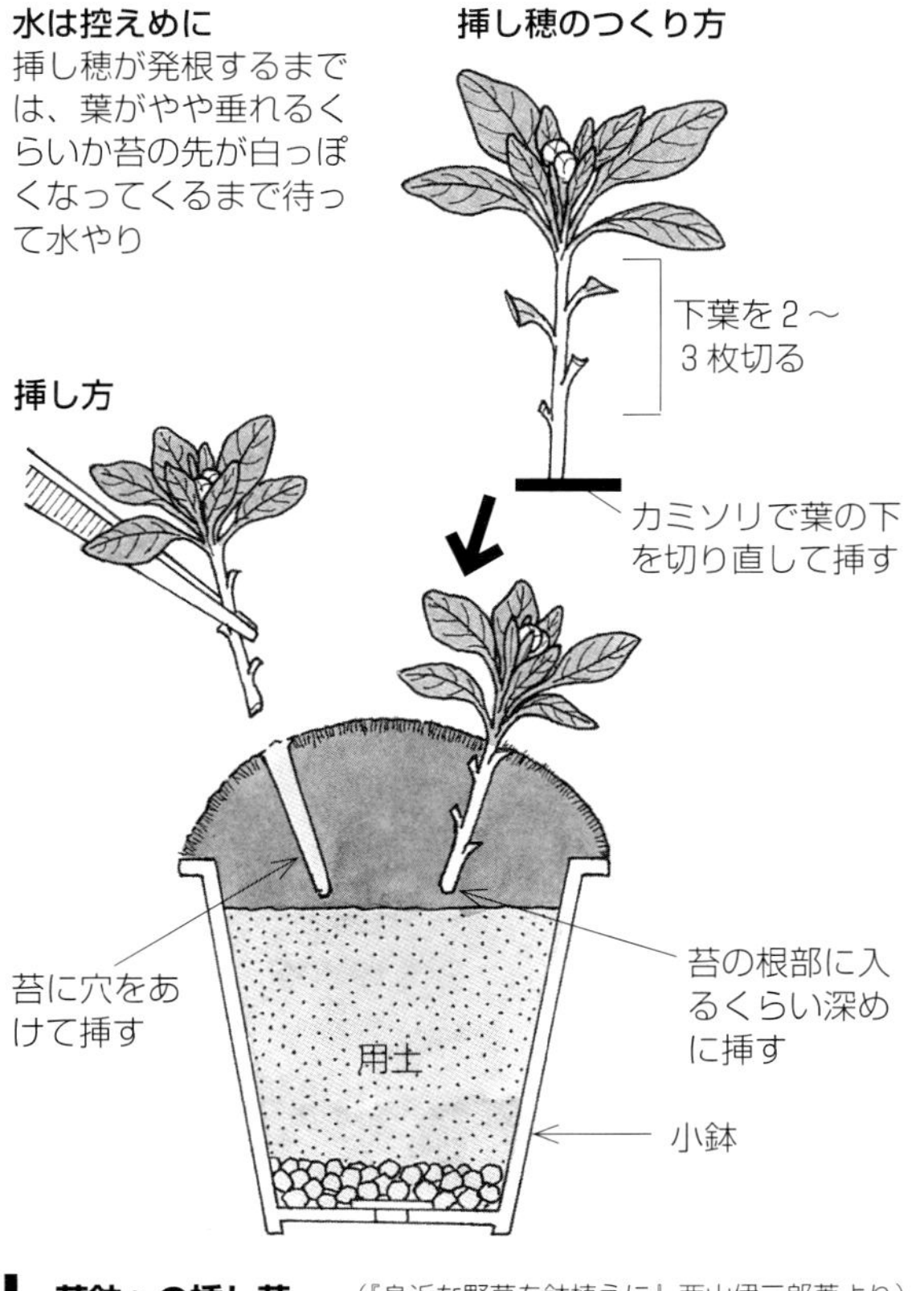
水は控えめに
挿し穂が発根するまでは、葉がやや垂れるくらいか苔の先が白っぽくなってくるまで待って水やり
挿し穂のつくり方
下葉を2～
3枚切る
挿し方
カミソリで葉の下
を切り直して挿す
苔に穴をあ
けて挿す
苔の根部に入
るくらい深め
に挿す
用土
小鉢

**苔鉢への挿し芽**　（『身近な野草を鉢植えに』西山伊三郎著より）

# まき苔盆景

棚下で長年育ててきたスナゴケ。年月とともに苔が盛り上がり変化が出てきました。

まき苔で育てたスナゴケ（右）とアオギヌゴケでつくったもの。
斑入りユキノシタや石を添え、里山の沢のイメージに…

## 芽生えた新芽の草原に涼風

苔をバラバラにしてタネのようにしてまく、まき苔法で育てた盆景です。苔も少なくてすみ、新芽が生える姿も可愛らしく、三～四カ月後、一面に生えそろえば張り苔法より美しく、丈夫な苔ジュウタンになります。

## まき苔の手順

まく苔は、乾燥した苔でも裁断した茎葉でもかまいません。新芽が出てきて生えそろうまでの数カ月間は、乾かさないように水やりをこまめに行なうことがポイントです。

1 材料の用意
中鉢、赤玉土中粒、用土（黒土，赤玉土細粒、腐葉土または樹皮培養土）底穴用のネット、銅線、キッチンペーパー、霧吹き、コテ、用土入れ、苔（スナゴケ）

2 用土の配合例
黒土６，赤玉土細粒２，腐葉土または樹皮培養土２をよく混ぜ合わす

3 底穴をネットでふさぎ、水はけ用の赤玉土中粒を１～２cm入れてから培養土を盛る

4 用土を入れ終わったところ中央をやや高くし、鉢縁は縁よりやや低くする

5 苔はバラバラにほぐして、重ならないようにまく。乾燥した苔は水に浸してからバラバラにする

6 苔は重ならないように注意してまんべんなく全面にまく

7 目土用の用土の配合
黒土５、富士砂３、樹皮培養土２。水はけをよくするために富士砂を多くする

8 目土用の用土をよく混ぜ合わせ、細かい目のフルイで苔が隠れるくらいにまんべんなくかける

9 目土を入れ終わったら手のひらやコテなどを利用してしっかり押しつけて鎮圧する

10 目土の鎮圧が終わったら、霧吹きで十分水やりする

11 発芽するまでは、乾きにくくするためにキッチンペーパーなどで表土全体を覆い、縁を鉢縁に折り込むか楊枝などを刺して飛ばないようにしておく

# 移植法による苔の増やし方

苔を増やす方法には、前ページで紹介した「まき苔法」と、間隔をあけて植え付けるように移植する「移植法」があります。どんな苔でもこの二つの方法で増やせますが、移植法は這うハイゴケやギンゴケなどの小さな苔には不向きですが、まき苔法よりも水やりなどの管理が楽で失敗も少ないです

いずれも、育苗箱やイチゴパックなどに、移植する苔にあった用土を入れ、苔の茎葉を用土に半分から三分の二くらい、間隔をあけて等間隔に埋め込み、用土に密着固定させて植え付けます（二七ページ参照）。

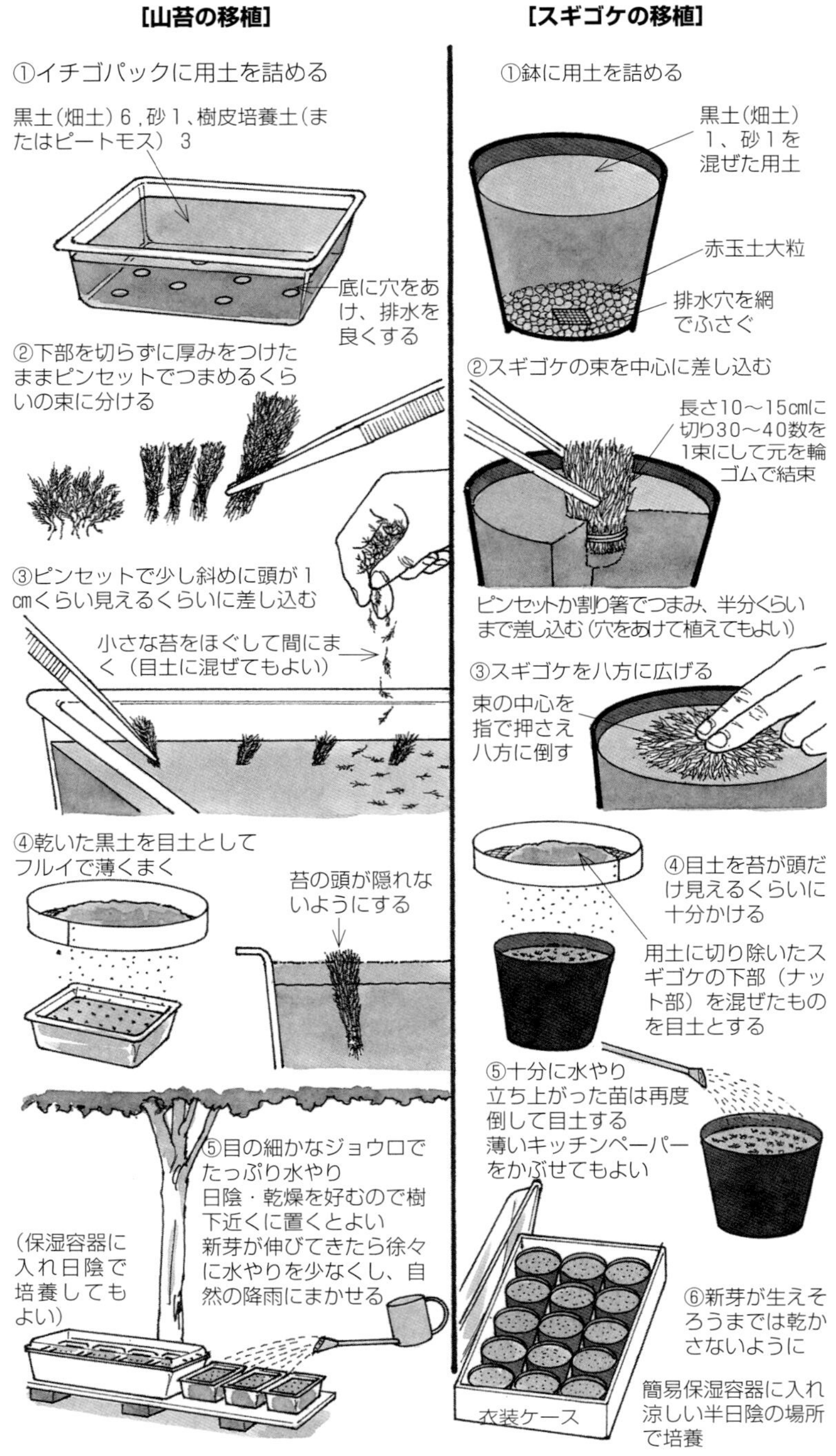

[山苔の移植]
①イチゴパックに用土を詰める
黒土(畑土) 6，砂 1、樹皮培養土(またはピートモス) 3
底に穴をあけ、排水を良くする
②下部を切らずに厚みをつけたままピンセットでつまめるくらいの束に分ける
③ピンセットで少し斜めに頭が1㎝くらい見えるくらいに差し込む
小さな苔をほぐして間にまく（目土に混ぜてもよい）
④乾いた黒土を目土としてフルイで薄くまく
苔の頭が隠れないようにする
⑤目の細かなジョウロでたっぷり水やり
日陰・乾燥を好むので樹下近くに置くとよい
新芽が伸びてきたら徐々に水やりを少なくし、自然の降雨にまかせる
(保湿容器に入れ日陰で培養してもよい)
[スギゴケの移植]
①鉢に用土を詰める
黒土(畑土) 1、砂1を混ぜた用土
赤玉土大粒
排水穴を網でふさぐ
②スギゴケの束を中心に差し込む
長さ10～15㎝に切り30～40数を1束にして元を輪ゴムで結束
ピンセットか割り箸でつまみ、半分くらいまで差し込む（穴をあけて植えてもよい）
③スギゴケを八方に広げる
束の中心を指で押さえ八方に倒す
④目土を苔が頭だけ見えるくらいに十分かける
用土に切り除いたスギゴケの下部（ナット部）を混ぜたものを目土とする
⑤十分に水やり
立ち上がった苗は再度倒して目土する
薄いキッチンペーパーをかぶせてもよい
⑥新芽が生えそろうまでは乾かさないように
衣装ケース
簡易保湿容器に入れ涼しい半日陰の場所で培養

雨が直接当たらない半日陰に置き、乾かさないように水やりをすれば、数カ月後、新芽が伸びてきます。美しいマットができるのに数年かかりますが、そのまま地下部を切らずに植えられるので、市販の苔マットよりも定着が良く、環境に適応した丈夫な苔になります。自然保護のためにも、増殖は大切な技術です。

植え付け時期は早春から春、初秋から秋が最適ですが、一〇～二〇℃に保たれた室内ならいつでも、また簡易保湿容器を利用すれば冬でも可能です。新芽は一〇～二〇℃前後の温度があれば、いつでも伸びてきます。半日陰で直接雨水が当たらない場所で培養します。

## 苔の保存法

湿った状態で箱やビニール袋に入れたままの苔は、長く保存できません。苔を容器から取り出し、風通しの良い涼しい日陰に広げ、雨が当たらないよう乾燥気味にしておきます。夏場なら数週間、春・秋は一カ月くらい、冬なら越冬も可能です。あまりに乾燥しているようなら、噴霧器で湿らせてやるのもよいでしょう。

ビニールに入れて中が曇らない程度に乾燥させた苔なら、冷蔵庫内である程度長期保存もできますが、やはり長く保存したものは葉が緑色を保っていても発芽が悪くなります。冷蔵庫保存といえども過信せず、採取したものは早めに植え付けるようにしてください。

生苔（単に湿り気がある採取したばかりの苔）状態で管理する場合は、育苗箱に新聞紙を敷き、生苔を並べます。これを涼しい日陰か半日陰に置いて朝と夕方に水やりしてやれば青々とした状態を保つだけでなく、生育も期待できます。

## 苔鉢盆栽・苔盆景 Q＆A

**Q　苔の鉢の大きさはどのようなものがよいですか**

**A**　苔は小さいのでどんな小さな鉢でも植えられますが、苔が群生しコロニーをつくって集団で生きているので、あまり小さな鉢では育てにくいです。また、浅い容器ほど保水力がなく苔のまわりの湿度を保持しにくくなります。盆景の浅鉢でも深さ四センチ前後あれば、管理が楽になります。また、抗火石など多孔質の鉢は水を含むので、乾燥しにくく、栽培が楽になります。

**Q　苔鉢盆栽の用土はどんなものがよいですか**

**A**　用土は苔の種類によって違いますが（二三ページ参照）、スナゴケなどの乾性の苔は土に砂を多めに、ヒノキゴケやミズゴケなどの湿性の苔はピートモスや腐葉土を多めに、根元や枯れ木に付着する山苔やシノブゴケは樹皮培養土を多めに混ぜるとよいでしょう。

水はけを良くすることが重要ですが、赤玉土や砂に苔を直接張ると、なかなか密着・定着せず、乾きやすくなって失敗の原因になります。

# 苔のテラリウム

光が通る透明容器の中に苔と植物を植えて育てます。口が広めのビンなどを倒して利用してもすてきです。

テラリウムはそのままで保湿容器となるので、苔には大変合っている育て方です。底部分の用土が湿っている間は水やり（霧吹き）も必要ありません。ただし、高温で蒸れないよう直射日光は避け、夏場は涼しいところにおいてやりましょう。

できあがり。花はプリムラ・アクエリアス。草花を植えたときは明るいレースのカーテン越しなどで楽しみ、週１回は風通しの良い半日陰に出します。後方はアスパラガスのテラリウム。

**1** 容器の底に根腐れ防止剤を入れ、その上にハイドロボールを入れ、用土を隠すため側面を高くしておく

**2** 口が狭く用土が入れにくいときは紙筒などを利用すると良い。培養土は中高に入れるのがポイント

**3** 植え付け予定地に穴をあけ、鉢土はほとんど落として植える。植物は少なめにすっきりとまとめる

**4** 苔を張り、容器の内側や葉の汚れを洗い流すつもりで水やりしてできあがり

**材料**

容器、ハイドロボール、培養土（赤玉土小粒６，バーミキュライト４など），紙ジョウゴ、苔（ハイゴケ）、植物（プリムラ･アクエリアス、ラミュウムピンク）、霧吹き

# 苔のトピアリー

動物などの型に苔を張って楽しむ苔造形。ボディーがうまくできなくても苔が伸びてカバーしてくれます。

針金や金網で型をつくり、中にミズゴケや樹皮培養土を詰めて、苔玉のように苔を張りつけます。水をよく含むオアシスや抗火石で型をつくるのも楽しい方法です。

ミズゴケでつくったボディーの型に苔シートを接着剤で張り（右上）、乾燥後、軽く水洗い（左上）
冬季でも2カ月後には新芽がポツポツ出始めました（左）

オアシスをカッターで切り、ゴリラ？の型に。オアシスは簡単にカットできますがへこみやすく、ポロポロ落ちるので細かい加工には不向きです。地苔のアオギヌゴケを張り糸で軽く結束。約2カ月後の状態。

# 苔園芸の楽しみ方 ⑥

# 苔庭つくり

裸地となっていた庭木の樹下に苔を植えると、わが家の庭が見違えるようにグレードアップします。

## 1 手軽に楽しめる苔庭

### 苔は庭木や庭石を引き立てる名脇役

苔庭というと西芳寺などの広い立派な日本庭園を思い浮かべ、こんなところでは無理だろうな、お金がかかるだろうな、管理に手間がかかるだろうなと、あきらめてしまいがちですが、実際はとても手軽に自分ででき、狭い庭を見事にグレードアップしてくれます。

苔は多年生ですが大きくならず群生し、建物の陰の日陰の場所でも育つので、ほかの植物が育ちにくい樹下や、狭い場所でも楽しめます。ハナカイドウ、ナツツバキ、モミジなどの広葉落葉樹の木漏れ日がもれる樹下が最適です。芝のように根が張らないので、歩いたり遊びまわるところには適しませんが、レンガやブロックなどを敷いた通路のすきま（目地）部分、飛び石や石組の間、植栽ゾーンの縁などは、苔ならではの植栽場所です。また、ベランダや屋上でも石やレンガなどで囲って土を少し盛れば、小さな箱庭のような苔庭が楽しめます。

庭木の樹下を苔で覆うと、庭木や庭石が苔の緑に映え引き立ちます。名木や名石は必要ないので、材料費

日よけ
衣装ケースの養生箱
小さな苔庭
（箱庭）
栽培棚
苔庭
砂
苔
砂
N

わが家の苔庭園芸

もそれほどかかりません。小さな山野草を苔の中に散在させるだけで、四季を通じて緑の趣のある庭になります。苔を購入すると経費がかかりますが、小さな庭なら採取してきた苔で十分です。植え付けのポイントさえつかめば、誰でも手軽にできるので造園の費用もかかりません。

## 水はけを良くし西日・強風を避ける

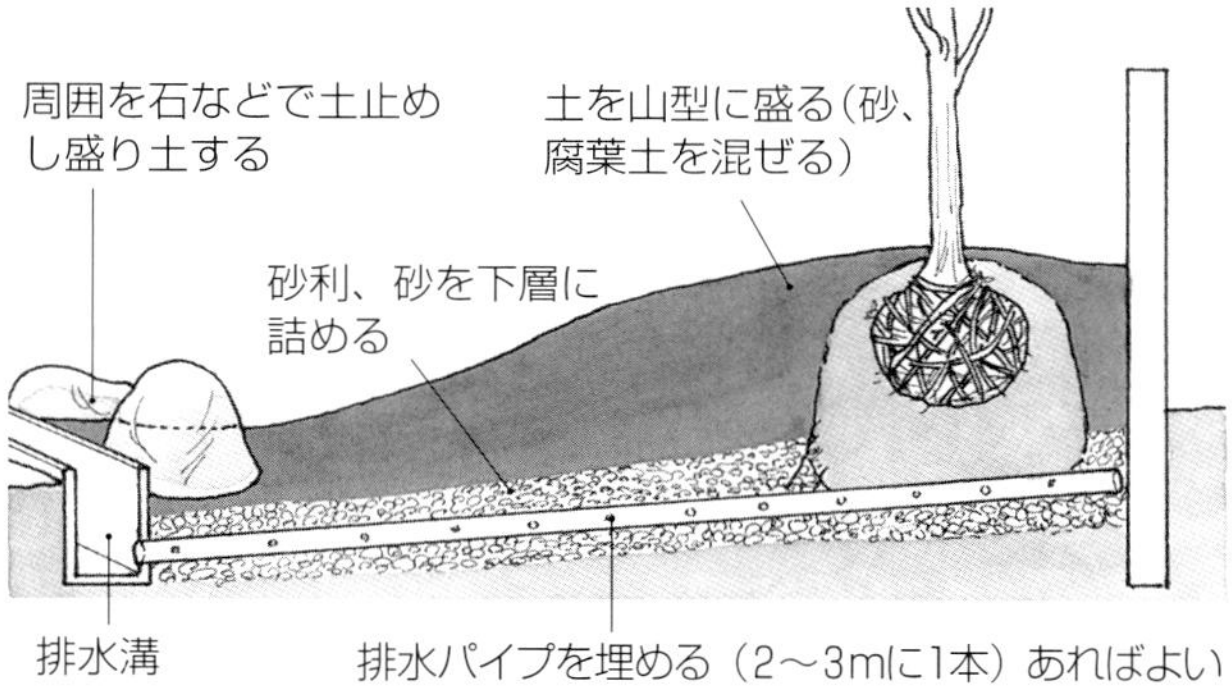
周囲を石などで土止めし盛り土する
土を山型に盛る（砂、腐葉土を混ぜる）
砂利、砂を下層に詰める
排水溝
排水パイプを埋める（2〜3mに1本）あればよい

水はけを良くする方法

　排水性さえ良ければどんな種類の土でもかまいません。水はけの悪い場所（粘土質の土壌など）では、水はけを良くすることが大切です。そのためには、少し掘って下層に砂利や砂を盛って排水層をつくり、その上に黒土や赤玉土を敷けば良いでしょう。苔を植え付ける場所には、厚い土層も肥えた土も必要ありませんが、砂は苔を密着・固定する力が弱いので、砂に苔を直接植えるのはあまりよくありません。

　また、斜面や起伏をつくって築山風にすると、景観的にも深みができ、排水性も高まります。さらに土を盛って石やレンガなどで縁取りをすれば、土砂の流出も防げ、排水性がいっそう良くなります。

　苔は直射日光が当たらない場所が適していますが、日当たりに強いスギゴケ、コスギゴケ、スナゴケ、ハイゴケ、ギンゴケ、ハマキゴケなどを選べば、直射日光が当たる場所でも大丈夫です。ただし、午後三時ごろからの西日はよくありません。西日の直射日光が当たる場所では、西側に庭木、竹垣、塀などを設けて日よけしましょう。

　また、苔にとっては空気中の湿度が生命線です。土が十分湿っていても、乾風が吹きつけるとたんにしおれてしまいます。直射日光を日よけするよりも、強風が苔に当たらないように防風することのほうが重要です。特に冬場の乾いた寒風が一番苔を消耗させます。冬場の風向きを考え、風上に風よけのある場所を選ぶか、風上に竹垣や生垣などを設けて防風することが大切です。

## 2 張り苔とまき苔で苔庭つくり

1 苔の植え付け材料と用具
スギゴケ（左上）、鍬（中央上）、スナゴケ（右上）、ハイゴケ（右中）、黒土・ゴムハンマー・コテ（中央中）、3㎜のフルイ（下左）、砂・小スコップ（右下）

2 縁に石組みをし、石、植栽するドウダンツツジ、ツワブキなどを配置して位置を調整してから、主木のドウダンツツジを植え、石を据え、黒土を盛って鎮圧・整地をし、小木や草花を植え込む

3 砂をまき、表層5㎝くらいの黒土によく混ぜる（最初に混ぜて盛り土しても良い）

4 奥の高い部分から斜面にスギゴケのマットをすきまなく敷き詰める

5 コテでマットの縁部分などを強くめり込むように押しつける

6 ゴムハンマーで全体をたたいて土と密着させても良い

7 さらに長靴のかかとで全体を強く押し付け、マットが土にめり込むようにする

8 黒土4、砂1の割合で混ぜた目土をフルイでまんべんなくかける

9 スナゴケやハイゴケが見え隠れするくらいまでかける

**14** 植え付け終了
まだ見栄えは悪いが、１カ月後には新芽が出てきて、２カ月後には全面に新芽が覆い美しくなる

**10** 手前の低く平らになった部分に、スナゴケをもみほぐしながら、できるだけすきまなく、重ならないようにまく

**11** 8と同じ目土をスナゴケが見え隠れするくらいまで厚くかける

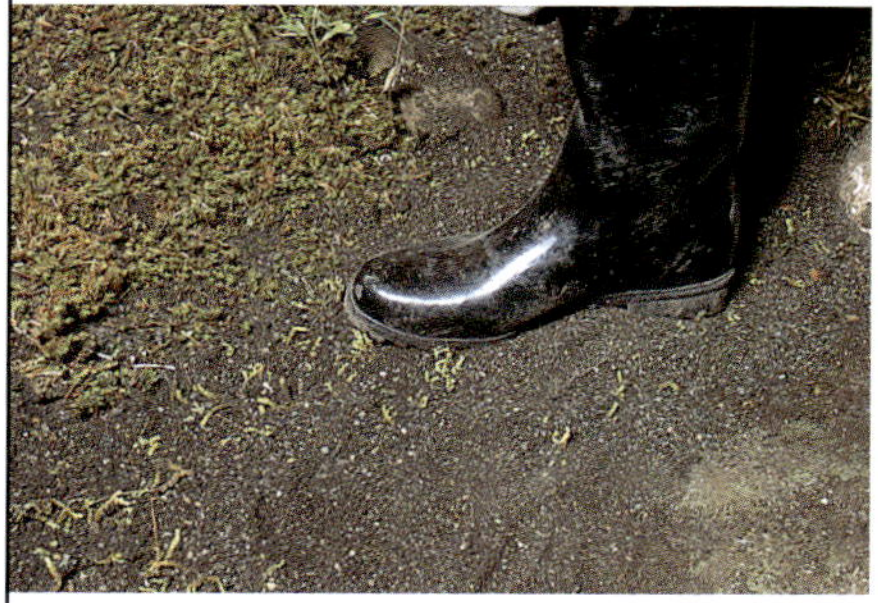

**12** 長靴の底全体で踏み付け、密着させる

**13** ジョウロで目土を流し込むように水を十分かける。浮いているような部分は手で押さえつける

撮影協力／手塚直人（モス・プラン）

## 3 苔庭のデザイン

### 苔の選び方

苔は植えられた環境に適応する力が強いので、ある程度乾燥しても湿っていても生育します。あまり気にせずいろいろな苔を植えても、自然にその環境に適したものや適応力の強い苔が繁茂してくれます。一般に苔の葉が半透明のものは湿度をより好み、厚みがあるものは乾燥に耐える力が強いようです。

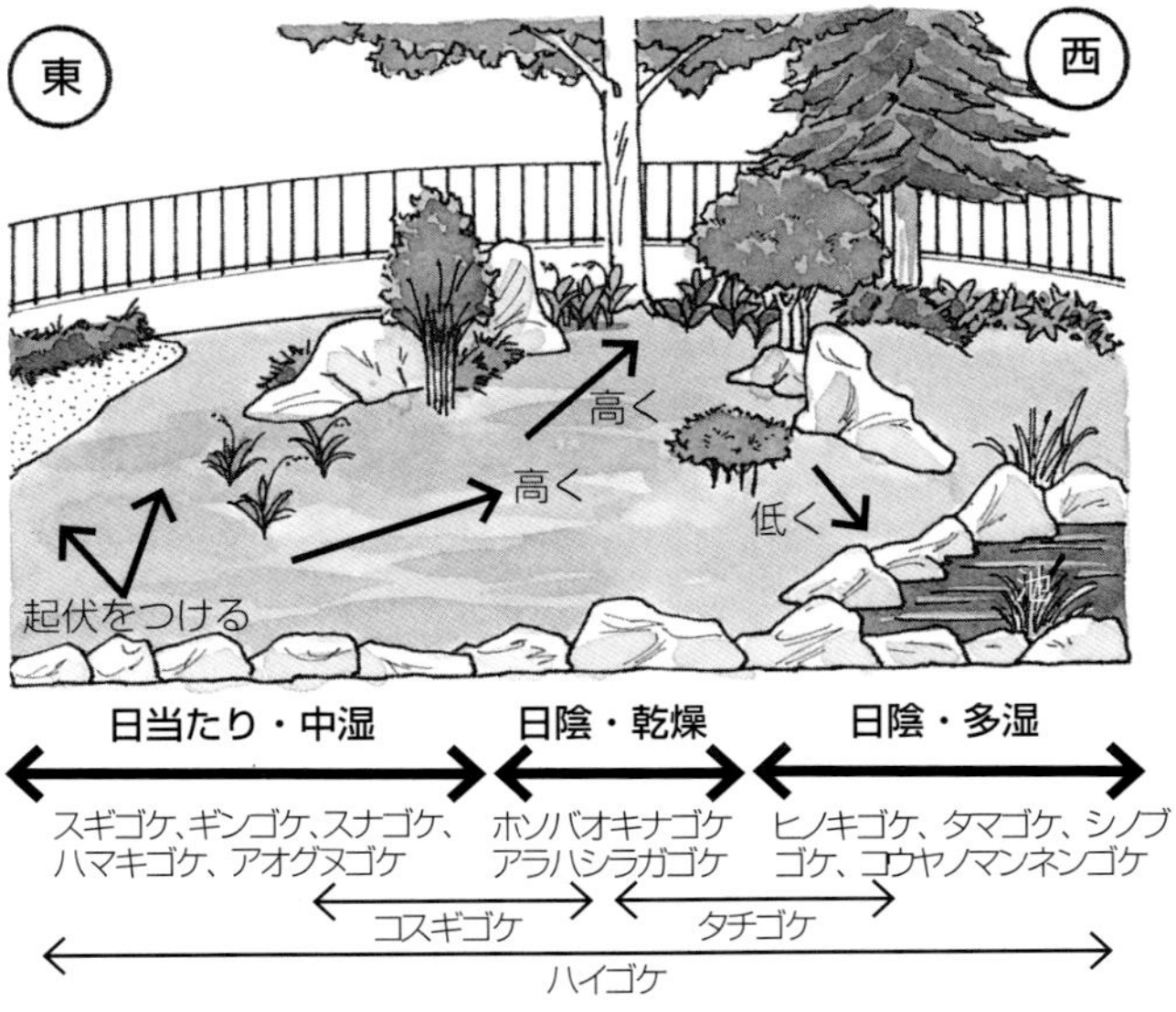

東
西
高く
高く
低く
起伏をつける
日当たり・中湿
日陰・乾燥
日陰・多湿
スギゴケ、ギンゴケ、スナゴケ、ハマキゴケ、アオグヌゴケ
ホソバオキナゴケ アラハシラガゴケ
ヒノキゴケ、タマゴケ、シノブゴケ、コウヤノマンネンゴケ
コスギゴケ
タチゴケ
ハイゴケ


日当たりと湿気条件からみた適した苔の種類

主な苔を日当たり・中湿を好むもの、日陰・乾燥を好むもの、日陰・多湿を好むものに分けると、上図のようになります。スギゴケ（ウマスギゴケ、オオスギゴケ）やスナゴケなどは日当たりの良い部分に、日陰・乾燥性の山苔（アラハシラガゴケ、ホソバオキナゴケ）は太い木の幹元や築山の背の部分に、日陰・多湿性のヒノキゴケやコツボゴケは日陰で湿り気のあるところに植えると良いでしょう。ハイゴケはどんなところにも育つので、混植するとほかの苔を負かしてしまうほど丈夫です。飛び石や板石の通路の目地には、小型で乾燥に強いギンゴケやスナゴケが適しています。

### 苔庭のデザイン

苔庭は水はけや景観を良くするうえで、手前を低く奥をやや高く、なだらかな傾斜をつけることがポイントです。また、植栽する部分と通路部分の境界に、石組み、レンガ積み、枕木など、高さ一〇〜三〇センチくらいの縁取りをすると、排水も良くなり見栄えも良くなります。

既存の大きな樹木や庭石がある場合は、その周囲を高くして傾斜や起伏をつけるとよいでしょう。新たに樹木を植える場合は、奥に中高木を植え、手前が林縁のような景観となるようにします。ハイゴケなど這う苔は斜面部分には定着しにくいので、平らなすそ部分や起伏のくぼみに植え付けます。

## 苔庭つくりの手順

まず大まかな平面図、見取り図を書き、樹木や石、縁取りなどの位置を書き入れます。縁取りや起伏は直線でなく、凹凸のある滑らかな曲線にしたほうが自然です。

水はけが大変悪い場合は、七五ページの図のように排水パイプを埋設するとよいでしょう。

盛り土する土は、排水の良い土壌であれば、まわりの土をそのまま使えます。水はけが悪い場合は、その場所の土か、購入した黒土・畑土に、砂、赤玉土細粒、腐葉土、樹皮培養土などを二～四割混ぜます。苔の種類によっても、スナゴケは砂を多めに、林の中に生えるヤマゴケなどは腐葉土を多めに混ぜます（一二三ページ参照）。

地ごしらえから植え込みまでの手順は、以下のとおりです。

①排水が悪い場合には、少し土を掘り取って、砂利や砂を五～一〇センチくらい敷き詰め、石組みなどで縁取りをする。

②植栽する樹木や石の位置を実際に配置してみて決める。

③樹木の植え付け位置に植え穴を掘って、正面を決めて植え、用土を周囲に山盛りにする。

④大きな石を、石の形や向きを考えて配置し、底のすきまに石などを詰めて固定する。

⑤用土を起伏をつけて盛り上げ、雨などで崩れないよう、板でたたくなどして鎮圧する。斜面部は特に流されて苔が定着しにくいのでよく鎮圧しておく。

⑥表層をよく耕して整地する。用土が乾いているときは、ジョウロで散水し、湿り気をもたせておく。

⑦山野草などの草花や小さな樹木、地下茎をもつヒノキゴケ、コウヤノマンネングサを植え込む。

⑧苔を高い部分からすきまなく並べ、ゴムハンマーでたたいたり、コテやカカト部分で押し込むように強く押しつける。

⑨まき苔をする場合は、平らな場所を選び、できるだけ密に重ならないようにまいて足で鎮圧する。

⑩全体に苔の先が見え隠れするくらいにフルイで目土をかける。

⑪目土をすきまに流し込むように十分に散水する。

**板石の通路の隙間に苔を植える**
板石の目地にギンゴケを植え付けました。緑の格子状の通路になってきれいです。

## 苔庭作例

**石灯籠・庭石を据えた和風庭園**
奥にスギと落葉樹を混在させ、木漏れ日の環境をつくる。
（撮影協力 / 白井温紀）

**玄関先の庭石の陰につくった苔庭**
大きな庭石の陰になったところに土を盛り、ツワブキとシュンランを植え、タチゴケとハイゴケを植え付けました。庭石が一段と映えて渓流の水辺の景観となりました。

**ベランダにつくった苔庭**
暑くて乾燥しやすく風当たりも強いベランダでも、工夫すれば立派な苔庭ができます。小さなヒョウタン池をすえ、まわりを人造石で囲い、中にビニールシートを敷いて土を盛り、張り苔しました。メダカが泳ぐ池から湿気が上がり、石付けや木付けの苔も元気です。

**［ベランダの苔箱庭の断面図］**

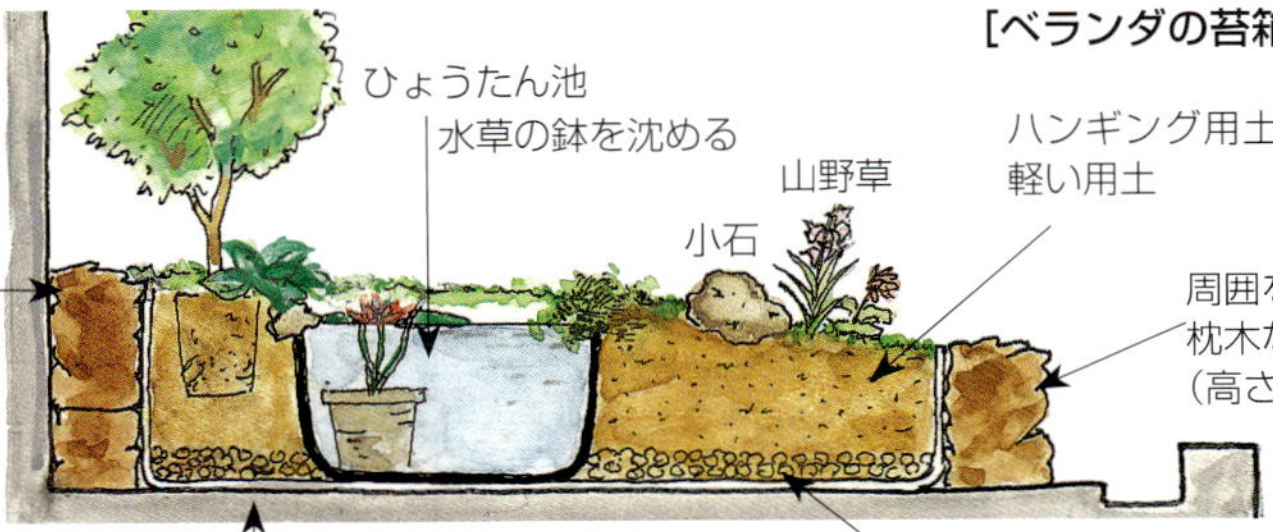

## 4 苔庭の管理

### 散水

植え付け後から新芽が伸びだすまでは、土が乾かないように毎日散水します。直射日光や風が強いときは地上五〇～六〇センチの高さに杭を打ち、スダレか寒冷紗をかけたり、風上に立てて防風するとよいでしょう。ただし、苔にベタにかけると蒸れるので禁物です（三〇ページ参照）。

植え付け後、新芽が出てきても、ある程度密生するまでは、乾燥させないように毎日散水することがポイントです。特にまき苔した部分の乾燥は禁物です。

しかし、全面を覆うようになったら、昼間は乾き気味にしたほうが、苔は徒長せず丈夫になります。冬期間は蒸散が少なく休眠状態なので、表面の土が乾いたらかけるくらいで十分です。そして二～三年後からは乾き気味の環境に慣らすように散水回数を減らしていき、二～三年後からは水はほとんど降雨にまかせるくらいにします。乾き気味にして伸ばさないようにしたほうが、丈夫で新芽も多く出て見栄えも良くなります。

まき苔で新芽が伸びてきた状態（この新芽を乾かさないことが重要）

新芽が伸び全面を覆う（このようになったら水やりはほとんど必要なし）

### 目土の追加

新芽がある程度伸びてきたら、乾燥しにくくなるよう黒土に砂や軽石砂利を混ぜた用土を用い、再度フルイで薄く目土をかけてやります。仮根が伸びる苔は、いっそう定着しやすくなります。

### 除草

雑草が小さなうちにこまめに手で抜き、除草剤は薬害が心配なので、雑草が繁茂してしまったときに使うくらいにしましょう。全面が厚く苔マットで覆われれば、雑草の発生も少なくなります（三二ページ参照）。

### 落ち葉掃き

春から秋、特に夏の苔の上に落ちた葉は、過湿になって蒸れる原因となるので、こまめに竹ぼうきや竹製のゴミザライで除去します。苔に散水ホースが数日乗っていただけで、蒸れてしまい、その部分だけが枯れてしまうので要注意です。冬は寒さで休眠しているので、多少落ち葉があっても大丈夫です。

## 施肥

肥料は必要ありません。苔はアンモニアに弱く、油かすなどの有機肥料や硫安などの化学肥料を施すと、肥やけして赤褐色に変色したり、病気にかかりやすくなります。猫や犬の糞尿がかかると同様に枯れるので注意してください。

## 日よけ・防寒・防風

直射日光が当たる場所には、生えそろうまではスダレなどの日よけ（三〇ページ参照）が有効ですが、一～二年後からはかえって蒸れたり、急に除去すると日焼けしやすく除去のタイミングが難しいのでかけないほうが無難です。

寒地では冬場にワラや松の落ち葉などをかけて保温する例がありますが、かえって日照不足になったり、春に取り遅れて蒸れたり、急に除去すると日焼けしやすいのでおすすめできません。冬季は寒風が当たらないように防風することのほうが重要です。

## 苔庭の木の管理

木漏れ日がもれ、朝露が降りるようにするには、幹元から一・五メートルくらいの高さの下枝は切り、空間を確保します。また、上部の枝も込み合っている部分の枝は間引いて、木漏れ日がもれるようにせん定しておきます。

樹木や草花の肥料は、苔を一部はがして苔の下の土に施し、苔を戻しておきます。また、樹木に農薬をかける場合は、苔にかからないよう下にビニールシートを敷いて散布します。

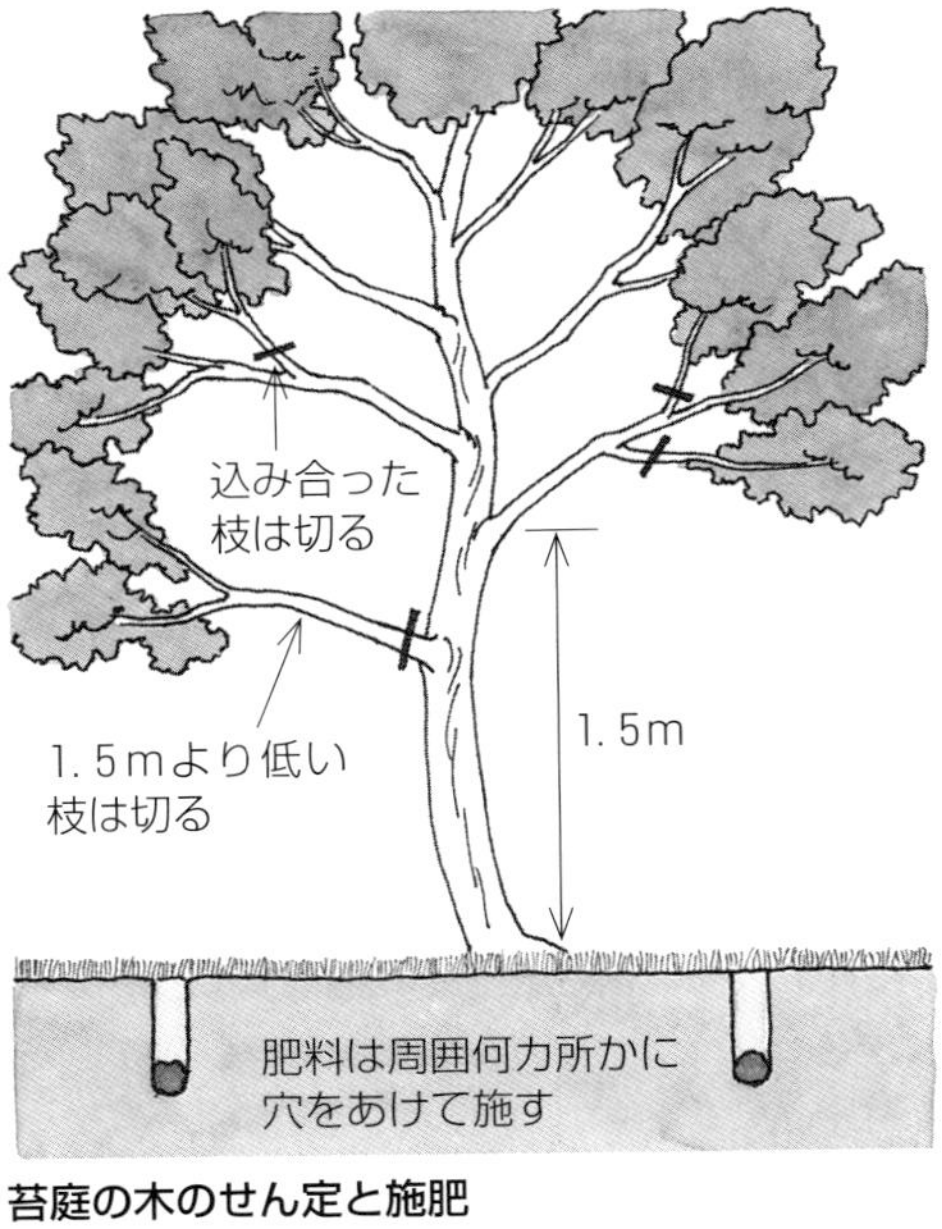

込み合った
枝は切る
1.5mより低い
枝は切る
1.5m
肥料は周囲何カ所かに
穴をあけて施す


苔庭の木のせん定と施肥

# ③章 四季の苔園芸作業

手塚直人

# 早春 2月下旬～3月

## 【苔庭の作業】

### ベタ掛け寒冷紗外し

福寿草が咲き始める二月下旬から三月になると、気温も上がり暖かい日は二〇℃にもなります。防寒、防霜に覆った松葉や枯れ葉、寒冷紗なども暖かくなったら取り外さなくてはなりません。最低気温が0℃以上、寒いところでも桜が咲くころまでには外すようにします。取り外すには少し早いかな、と思うぐらいのころに思い切って取り除いてしまいましょう。遅れると蒸れて半日で赤く焼けてしまうことがあります。

### 霜柱の鎮圧

霜柱は苔マットを持ち上げ、土とマットが遊離してしまうため、そのままにしておくと枯れる原因となります。しかし、冬は苔が休眠しているので霜柱が立つたびに踏みつける必要はありません。春、霜柱が立たなくなったころに、底が平らな靴や草履で丁寧に鎮圧作業を行なうようにします。霜が溶け、土が適度な湿りがある状態になるまで待って行ないます。ベチャベチャしたときに踏むと、苔が傷んだり水はけが悪くなってしまいます。

また、苔が乾燥していると傷みやすいので、鎮圧する前に軽く散水しましょう。

### ゼニゴケ退治のチャンス

春以降の生育期のゼニゴケをはがすのは難しいのですが、霜柱で浮き上がったゼニゴケのマットは容易に大きなマットのままはがすことができます。完全には駆除できませんが、春以降のゼニゴケ駆除作業が楽になります。取り除いたゼニゴケマットは焼却するか、ゴミとして処分します。

## 【苔玉・苔鉢盆栽・苔盆景の管理】

### 保湿容器の管理

衣装箱など簡易保湿容器は、直射日光の当たらない涼しい場所に移動したり、フタを少しあけて蒸れないようにします。昼間の温度に注意しないと早春でも蒸れてしまうこともあります。

また、下に砂やミズゴケを敷き水を含ませておくとよいでしょう。ただし、排水穴をあけておき、雨水がたまらないようにしておきます。

### 苔玉の補修

冬に水をかけすぎたり、用土が凍ってしまったような苔玉や苔鉢は、苔のマットがはがれたり、衰弱して枯れてしまった箇所ができてしまいます。また、暖房した室内で越冬した苔は、冬の室内は特に乾燥するため、弱って茶色に変色してしまうことが少なくありません。新芽が伸びる前に、糸を巻いて再度密着固定したり、黒褐色になった部分は新しい苔を植えるなどの補修をして、屋外の栽培棚に移しましょう。そして十分に散水して乾かさないようにし、新芽の発芽を促します。

**寄せ植え樹木の整枝・施肥**

苔鉢などに植えた樹木は、新芽が開く前に、枝ぶりを見て込み合った部分の枝を間引くようにせん定します。大きくなりすぎたからといって、太い枝を途中から寸胴切りすると、徒長した枝が何本も伸びて、不自然な樹形になってしまいます。

また、固形の緩効性肥料を三箇所くらいに、苔に触れないよう穴をあけて用土の中に押し込んで施肥しておきます。あまり与えすぎないことが肝心です。

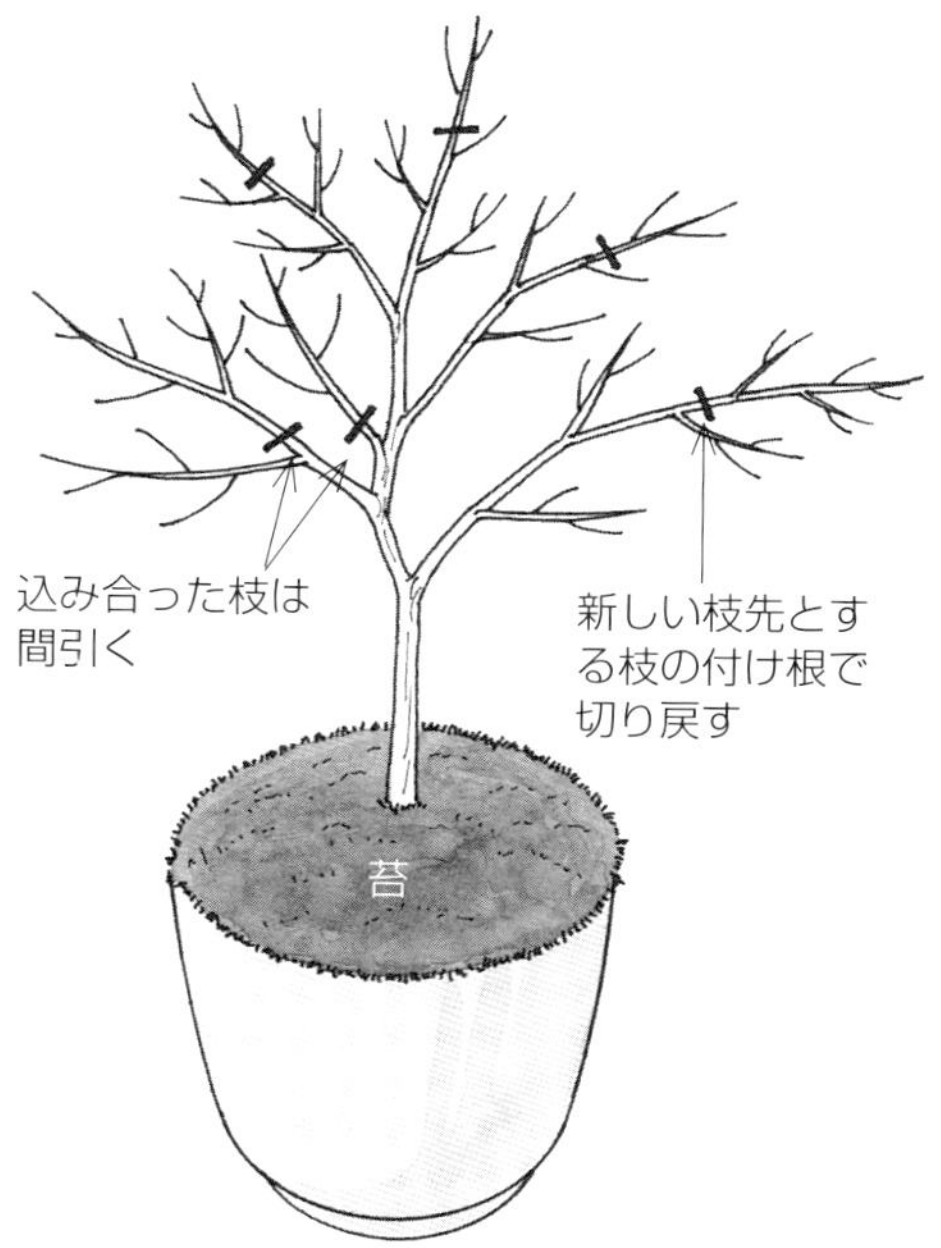
込み合った枝は
間引く
新しい枝先とす
る枝の付け根で
切り戻す
苔
自然風樹形を保つ「すかしせん定」

**苔採取の適期**

苔の採取も雑草が芽生えて繁茂する前の早春が適期です。明るい場所に生えるハイゴケやスナゴケなどは、暖かくなると雑草が伸びてきて見つけにくくなります。また、雑草にからまってマット状での採取が難しくなります。

雑草の生い茂る前の春先なら、大きなまとまった量が採取しやすく、傷みにくいので植え付け後定着しやすくなります。まだ気温も低いころなので、ある程度乾燥させて日の当たらない涼しいところに置いておけば、一カ月程度の保管は問題ありません。

苔を園芸店やホームセンターで購入する場合は、使いたい苔の種類を決めて早めに注文しておきましょう。

**植え付け準備**

苔の植え付け適期は春先から春と初秋から秋です。

アオギヌゴケに侵入してきたゼニゴケ▶

乾いた土は水をかけながら蒸し焼きにする。200度以下の温度で焼くのがコツ
カビなどの病原菌の消毒、雑草の種子や根、ゼニゴケなどが死ぬ

用土とする土の焼土消毒

高温多湿の真夏と寒さで休眠する冬は避けたほうが賢明です。植え付けた苔が真夏前に、初霜が降りる前までに定着し新芽が伸びて覆う状態になっていれば、猛暑や寒風に耐える力も強くなります。

四月の植え付けに向けて、庭への植え付けの場合は十分に土を耕し、雑草の根などは取り除いておきます。育苗箱に庭土を使うときは雑草のタネやゼニゴケが残らないように、図のように高温にして消毒します。

ゼニゴケには茎がなく、葉が這うようにして伸び、葉から仮根を出して旺盛に繁茂して植えた苔に浸食します。

ゼニゴケはこまめに手で取るほか、除草剤の2・4・Dやラウンドアップをほかの苔や植物にかからないよう筆で塗ると枯れます。食酢も塗ると効果があります。

### 早春の作業Q&A

**Q　苔庭のオオスギゴケが二〇センチ以上にも伸びて倒れ、弱ってきました。見栄えも悪くなり困っています**

**A**　スギゴケは春になると芽先が毎年伸び、年数が経つと倒れてマットの中に日光が届かなくなるため、新芽の生育を阻害したり、蒸れやすくなり、しだいに衰退してしまいます。

あまりに伸びすぎたところはハサミで刈り込み、表土からの発芽を促すようにします。刈り込み適期は新芽が伸び始める早春です。刈り取った苔の茎葉は細かく切って目土に混ぜ、薄くなったところにまき苔するとよいでしょう。しかしマットをかき分けて見て、小さな新芽が表土からまったく伸びていない場合は、既に弱っている証拠で、全面に刈り取ると表土が乾きやすくなり、新しい芽が出てこずに枯れてしまうことがあります。そのようなときは、とりあえず部分的な刈り込みを行ない様子をみましょう。

また苔が長く密生したところは間引くように手で抜き取り、表土への通気性や日照を良くすると新芽の発芽に効果的です。

また、春からの生育期に一カ月に一回くらい「苔踏み」をしたり、乾燥気味に育てると、伸びも鈍くなります。

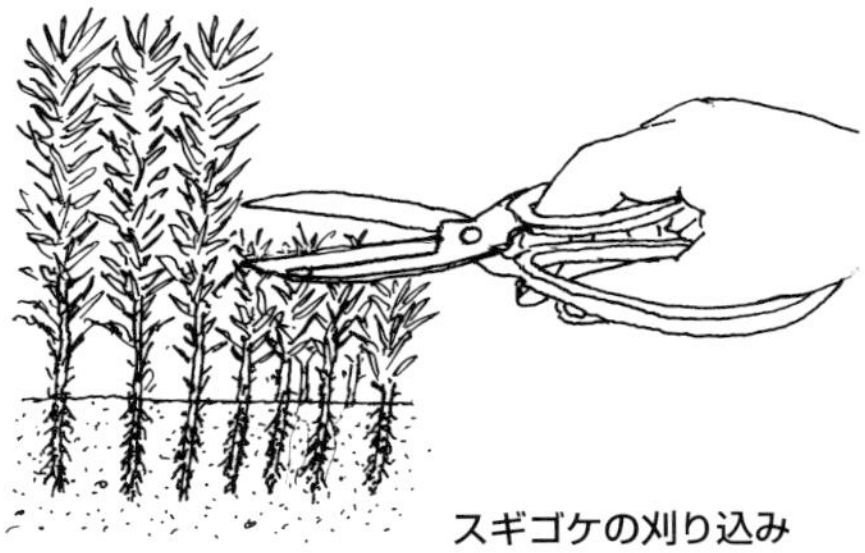

スギゴケの刈り込み

## 春 四季の苔園芸作業 2 4月～5月

### 植え付けとその後の管理

春は一年のうちでもっとも生長する時期で、苔庭、苔玉・苔盆栽などの植え付けや植え替え時期です。遅くとも梅雨入り前に植えて、高温となる梅雨明けまでに丈夫なマットをつくることが成功の鍵です。

植え付け後しばらくはこまめに水やりをします。発芽が始まるまでの数週間は表面が湿っている程度でかまいませんが、乾燥はさせないように注意します。植え付けて二～三週間はあまり変化は見られませんが、やがてポツポツと新芽が出始めます。この伸び始めた新しい芽は乾燥に弱く、ある程度密生する前に一度乾燥させて枯らしてしまうと、そのあとは発芽しにくくなってしまいます。乾燥しやすい場所では毎日たっぷりと水やりをします。

春は苔も寄せ植え植物も、もっとも生長するので、たっぷりとジョウロで散水し、ときどき、ドブ浸けして乾かさないようにします。また、この期間を簡易保湿容器で育てると失敗が少なくなります。

### 植え替え

苔鉢や苔玉に植えた樹木は、数年おきに植え替えます。苔を傷めないようにはぎ取り、樹木の土を除き太い根や長い根を切って、新しい用土で植え替えます。そして取り除いた苔をできるだけそのまま植え付けます。植え替え後の管理は、植え付け後と同様です。

### 植え付け植物の整枝・除草

寄せ植えした山野草などの宿根草も新芽が出てきます。あまり多いと苔が日陰になったり蒸れる原因になり見栄えも悪くなるので、余分な芽は摘んでおきます。

また、苔庭では雑草もポツポツと小さな芽を伸ばし始めます。見つけたら芽の小さいうちに手で丁寧に抜くようにします。

**春の作業Q&A**

**Q　建物が隣接していて冬はまったく日が当たらず、夏は半日くらいしか日が当たらない狭い庭（奥行き二メートル、長さ二メートル）ですが、苔庭ができますか**

**A**　冬は休眠するので日が当たらなくてもよく、苔は環境適応能力が高いので、ちょっと日が当たれば問題ありません。日当たりを好むスナゴケなどは向かないかもしれませんが、たいていの苔は育ちます。日陰で問題となるのは高温多湿にならないよう、水はけを良くすることです。水はけが悪いと、ゼニゴケも繁茂します。

**Q　屋上に苔庭をつくりたいのですが、どんな苔がよいですか**

**A**　屋上は直射日光が当たり、高温、乾燥、強風と苔にとっては厳しい環境です。日当たりを好み乾燥に強い苔が適していますが、スギゴケやコスギゴケは、都会の屋上では成功例がありません。近くに生えているスナゴケ、ギンゴケなどの地苔が適しています。いずれにしても早朝に定期的に散水できる自動かん水装置があると便利です。

## 梅雨期の水やり

梅雨の季節は空中湿度が高まり屋外での生育は散水の手間も少なく元気に育ちます。梅雨に入ると屋外では頻繁な水やりは必要がなくなります。天気を見ながら必要に応じて与えてください。苔庭では、水がたまる箇所がないように注意します。室内では水を与えすぎると過湿になり、カビが発生するかもしれません。水やりを控え気味にし、外気にあてるよう屋外の日陰に出してもよいでしょう。

## 除草

夏は雑草が旺盛に伸びます。苔庭に飛んできて雑草のタネがいっせいに芽を出すと、少し放置しておいただけでもあっというまに伸びて密生してしまいます。大きくなる前にこまめに手で抜き取ることが肝心ですが、梅雨時期の表土はぬかっていることが多く、除草作業で踏みつけると苔の傷みが大きく、土も乾燥すると固く締まってしまいます。表土が軟らかいときは苔の中に入ってまで草取りの必要はありません。

また、苔は除草作業で踏み付けてもかまいませんが、乾燥して葉が閉じているときの踏みつけは苔を傷めます。葉の開いている午前中、または夕方に作業を行なうようにします。広い苔庭で雑草が一面に繁茂したときは、除草剤の使用も必要になってきますが、薬害に注意して散布します（三二ページ参照）。

## 真夏の水やり

日中、固く葉を閉じた苔を見ていると、枯れてしまうのではないかとつい水を与えたくなります。また確かに散水すれば、苔は葉を広げ生き返ったようにも見えますが、これが蒸らして弱らせる元凶です。厳しい日射しや乾燥にさらされ、さっと葉を閉じて休眠し一生懸命耐えている苔をむりやり起こして、強烈な太陽に葉をさらすのはとても危険です。夏場は必ず朝夕の涼しい時間にたっぷりと与えるようにします。また、苔の上の落ち葉も蒸れの原因となるので、掃き取っておきましょう。

## 真夏の日よけ

太陽の直射が長く当たるところでは日よけを施します。苔に直接ベタ掛けするのは蒸れるので、図のように、野菜に使うトンネル支柱を重なるように設置し、高さ五〇センチ以上によしずや寒冷紗をかけて遮光する方法なら、片づけも便利です。また、苔庭や栽培場の南側や西側によしずを立てかけるだけでも日陰をつくることはできます。直射時間が半分になるだけでも生育に大きな効果があります。

## 苔玉・苔鉢の夏越しの工夫

苔玉や苔鉢も夏はどうしても高温と強光にさらされ、蒸れて弱りやすくなります。日中は直射日光の当たらない涼しい木陰に移してやりましょう。通風が悪い簡易保湿容器は真夏はかえって蒸れやすいので、容器から出して、通風が良く涼しい環境においたほうが賢明です。あるいは、冷房の効いた室内のカーテン越しの窓辺にフタを取って保湿容器ごと入れて育てたほうが、高温・強光にさらすよりよいでしょう。

②寒冷紗を上面にかけ、所々を支柱に結ぶ
①トンネル支柱を交差するように立てる
すそはあけておく


寒冷紗による夏の日よけ

**夏の作業Q＆A**

**Q　苔玉は、夏場はどうしても乾燥させてしまうか、水をやりすぎて変色しカビが発生してしまうかの繰り返しです。どうしたらよいでしょうか**

**A**　夏場は寄せ植えした植物の蒸散量も多く、用土が乾燥しやすくなるため、たっぷり水をかけないとしおれやすく、かといって一日中過湿になると苔が弱り、用土が見えるようになるとカビが生えてきます。室内では乾燥しやすいので屋外の風通しの良い涼しい日陰で育てれば、ある程度乾燥しても苔は消耗しません。水は寄せ植え植物がしおれ始めるまで待って数日おきにドブ浸けするのも一手です。また過湿になってカビが生えたから苔が弱るのではなく、乾燥・しおれで弱り茎葉が枯れて用土が露出したため、用土にカビが生えるのです。苔が元気なら、いくら水をかけてもカビが生えることはありません。

また、湿気を好み乾燥に弱いコツボゴケ、ヒノキゴケなどは避け、乾燥に強いスナゴケ、ギンゴケ、ハイゴケなどを選ぶと夏越しもしやすくなります。

**Q　旅行で一週間ほど留守をするのですが**

**A**　園芸店などで比較的安価な簡易吸水装置が販売されていますが、もっとも簡単な方法として腰水をおすすめします。水を一～二センチ張った器の中に苔玉や鉢類を並べて置きましょう。日陰の涼しい所に置いておけば、夏場でも一週間から一〇日間は大丈夫です。

# 秋　四季の苔園芸作業 4　9月〜11月

## 日よけの除去・散水

八月下旬から九月初旬は、まだ残暑も厳しいころですが、八月もお盆を過ぎると苔も元気を取り戻し始めます。涼しくなってくると夏ほど気をつかった水やりの必要はなくなります。また猛暑で傷んで枯れたように見える苔も、朝夕たっぷりと散水してやると回復してきます。九月上旬ころには、夏場の日よけも除去したほうがよいでしょう。また、九月中下旬ころからは、再び、保湿容器に入れて育てても安心です。

## 九月は植え付けの適期

九月は春に次いで植え付けの適期です。九月早々にも植え付ければ、雑草も一時期ほどの伸びもなくなり、秋雨を浴びて苔もよく育ちます。ただし、冬の休眠期までが三カ月ほどしかなく、生育期間が短いため、できるだけ早めに植え付けましょう。

そのためには、苔庭の場合は、八月中に苔の入手や植え付けの準備をします。雑草は取り除き、十分に土を耕しておきます。一週間ほどすると新たに雑草の芽が伸び始めるので、再度耕すか除草剤（プリグロックスL）で除草します。この作業を繰り返すことで雑草の発生を減らすことができます。いろいろな雑草が多いときは、七月中にラウンドアップを繁茂している雑草に散布すると、多年草の雑草も根こそぎ枯らすことができます。

## 十月は苔採取の適期

十月は春から半年間よく育った苔を採取するには良い季節です。大きくマットをつくっているところもありますし、身近な里山でも青々とした苔を見つけることができます。豊富な素材から葉の形や色の良い苔を選び、盆景やテラリウムなどの良い作品をつくりましょう。

秋から冬の苔玉、苔鉢盆栽、苔盆景の栽培場には、簡易保湿容器がうってつけです。これがあれば、保温ができるので、十一月ころでも苔玉や苔鉢盆栽を植えられます。

## 落ち葉掃き

十一月に入ると落葉樹の枯れ葉が苔庭を覆うようになります。日陰や半日陰の涼しいところは問題がありませんが、十一月ころですと日の当たるところでは枯れ葉の下の苔が蒸れることもあるので、落ち葉は取り除きます。また関東以西の暖かいところでは、半日陰のところでも取り除いたほうが生育にはよいでしょう。雪の少ない寒冷地では枯れ葉が防霜、防寒、防風となるので、そのまま残しておいてもかまいません。

取り除くにはスギゴケの仲間では柔らかいほうきも使えますが、ハイゴケのように土に仮根を張らないものは手で取り除くほうがよいでしょう。広い面積で枯れ葉が多いときはブロワーを使うととても効率よく集めることができます。

**秋の作業Q&A**

**Q 海岸が近くなので台風が襲来すると強い塩を含んだ雨が降ります。松などは葉が傷むので水をかけて流しますが、苔は大丈夫ですか**

**A** 苔は濡れた水を直接茎葉から吸収するので、やはり、早く洗い流したほうが無難です。苔玉や苔鉢、苔盆景などは雨のかからないところに取り込んだほうがよいでしょう。

**Q 炭鉢に植えた苔がだんだん変色し枯れてきました。水はいつもたっぷり与えているのですが**

**A** 炭鉢は植え穴が浅く小さいため、苔がコロニーをつくりにくく、室内ではどうしても弱りがちです。二日室内、三日屋外というように、こまめに屋外に出したり、室内では炭鉢を水をためた受け皿に立てるなど、苔のまわりの湿度を保つ工夫が必要です。また、消耗品と考え乾燥して枯れても美しい緑を保つホソバオキナゴケをインテリアとして楽しむのもよいでしょう。

**Q 苔玉や苔鉢盆栽を、トイレやお風呂などに飾りたいと思います。ここなら日当たりも強くないし、湿度もあると思いますが**

**A** 室内は乾燥し、また日照不足なので、基本的に苔栽培には不向きです。室内でもカビが生えやすい場所なら苔も育ちます。トイレは日照不足になりやすく、湿度もあまり高くなりません。風呂場はその点、日照もある程度あり湿度もあるので、比較的向いています。ただし、日当たりがよく熱い湯や蒸気がまともに当たらない場所に置くことです。

**Q 部屋に飾っていたら紅葉の時期になっても草木が紅葉しないが**

**A** 日当たりが悪かったり寒さにあわないと植物は紅葉しません。屋外に出してあげましょう。また、真冬に落葉していない落葉樹を時々見かけます。これは屋内に置きっ放しにしていたために起きた現象で、新芽の生長に支障が出る場合があります。

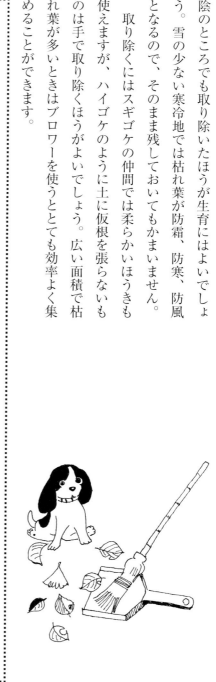

冬 四季の苔園芸作業 5
12月～2月

## 苔庭の寒冷紗・覆い掛け

冬は苔が褐色化したりするため冬の管理が大変と思われがちですが、意外に苔は耐寒性があり、関東以西の暖かいところや雪の多い地方では覆い掛けの必要はあまりありません。寒冷紗などによる覆い掛けの効果は、防寒性よりも防風性、防霜性にあります。とくに乾燥した寒風にさらされると、苔は傷みが大きく、はがれてめくれたり、褐色化して枯れたようになります。このようなところでは覆い掛けの効果は大きいのですが、覆わなくとも苔が枯れるわけではなく、春に青々と回復するまで少し時間がかかる程度のものです。傷みが小さいなら覆いの必要もないかもしれません。

ただし、植え込んで一年目の苔はまだ十分に定着していないので、寒風が強いところでは覆ったほうが無難です。

覆う時期は、十一月中は苔の生育が可能な暖かい日もあるので、関東以西では十二月に入ってからの作業でもよいでしょう。覆い掛けの素材には以下のようなものがあります。

**［落ち葉・松葉］** 初霜が降りるころからは落ち葉が苔の上を覆っても蒸れる心配はありません。落ち葉や松葉、枯れ草などを苔が見え隠れする程度に薄く敷き詰め、縁のところどころに杭を打ち、ひもを押さえるように縦横に張って風で飛散しないようにしておきます。

**［寒冷紗・ベタ掛け材］** スギゴケの仲間は葉の緑色が少しくすんできたらかぶせます。風でめくれないように寒冷紗の縁を杭で押さえます。あまり太い杭は抜き取るときに苔を傷めるので、割り箸を多めに刺して、寒冷紗と割り箸をひもで結ぶとよいでしょう。

寒冷紗の良いところは、茶庭などでお客様をお迎えするときなどに簡単に取り外すことができることです。欠点は見た目の悪さです。

**［不織布ベタ掛け資材］** パオパオ、テトレア、パスライトなどの商品名で売られている農業資材で、面積あたりのコストはもっとも安くなります。またとても軽く、通気性、通水性、防霜性、防風性にすぐれています。

しかし、多くの商品が白色で少し目立つかもしれません。このベタ掛け材を押さえるためにプラスチックの杭のようなものが売られています。

## 冬季の管理

十二月に入り気温が下がると屋外の苔は休眠状態と

なるので、管理作業も少なくなります。

　めくれた寒冷紗を直し、暖かい日が続いて表土が乾燥しているようなら軽く散水をしてやる程度になります。

　しかし、暖房した屋内に置いた苔は、休眠せず生長するので、適度な日照・湿度管理が必要です。室内はもともと苔の生育には厳しい環境ですが、冬になるとさらに空中湿度は低くなります。テラリウムやアクアリウムでは問題はありませんが、苔玉や苔鉢盆栽、苔盆景は管理が難しくなります。

　冬季でも休眠させずに観賞したいときは、保湿容器に入れて越冬させるとよいでしょう。衣装箱や簡易フレームなどの保湿容器を室内の涼しい場所やベランダに置くと、保温され湿度も保たれるので、苔は冬でも生育します。ただし、冬でもフタを閉めきった状態で通気性が悪いとカビの原因にもなるので、日中はすきまをあけておきます。保湿容器で管理すれば、冬季でも苔玉などの作成が可能です。

**衣装箱の簡易保温容器**
**フタをあけてすきまをつくっておく**

**冬の作業Q＆A**

**Q　毎年雪が多く積もります。雪よけする必要がありますか。苔玉などは室内で育てたほうがよいですか**

**A**　降雪は一見苔の生育には悪いようですが、保温性、通気性があり、寒冷紗やベタ掛け材で覆ったのと同じかそれ以上の防霜・防風効果があります。室内で越冬させるよりも管理が楽です。雪が解けてぬかっているときに踏みつけると傷むので、春先は地温が上がり苔が落ち着くまで管理作業はしないほうがよいでしょう。

**Q　赤ちゃんが室内に置いた苔玉の苔をちぎって飲み込んでしまいました。大丈夫ですか**

**A**　毒を含む苔は現在発見されていないので、大丈夫です。苔アレルギーの人もいるかもしれませんが聞いていません。

## 資料

### 苔園芸の質問・資材の問い合わせ

**㈲モス・プラン**

スギゴケ、スナゴケ、ハイゴケ、アラハシラガゴケなどを栽培し、苔、コケシート、苔玉キット、樹皮培養土、抗火石、炭鉢などの、卸し・通信販売を行なっています。苔園芸に関する質問もホームページで受け付けています。

東京都大田区北千束2-38-6

栃木県塩谷郡藤原町小佐越18-3

http://mossplan.co.jp

### 参考文献


『コケの手帳』秋山弘之編（研成社）
『原色蘚苔類図鑑』岩月　善之助（保育社）
『こけ　その特徴と見分け方』井上浩（北隆館）
『しだ・こけ（野外ハンドブック・13）』岩月善之助・伊沢正名（山と渓谷社）
『コケ　フィールド図鑑』井上浩（東海大学出版会）
『日本の野生植物　コケ』岩月善之助（平凡社）
『日本産苔類図鑑』井上浩（築地書館）
『校庭のコケ』中村俊彦・古木達郎・原田浩（全国農村教育協会）
『魅力あるコケの世界』樋口利雄　湯沢陽一（歴史春秋出版）
『コケの世界』伊沢正名（あかね書房）
『苔玉・ミニ盆栽』砂森聡（新星出版社）
『芝・苔・草の庭　小庭つくり方叢書1』上原敬二（加島書店）
『身近かな野草を鉢植えに』西山伊三郎（農文協）

## 著者紹介

**手塚直人**（てつか なおと）

1958年，東京都生まれ。

立正大学卒業後、苔の生産・販売を始める。

1986年、有限会社モス・プランを設立、98年からはインターネットでの通信販売も開始。生苔の生産・販売のほか苔玉キッドや苔炭鉢などのアイデア商品も多く取り扱っている。

http://mossplan.co.jp

**岡田雅善**（おかだ のりよし）

1955年、高知県生まれ。

有限会社プランニングワークス代表。

市場調査、業態開発等、一連のマーケティング活動の傍ら草盆栽を制作。

東京・亀戸の「くらしの器ギャラリー凛」で、月1回の草盆栽教室と年1回の個展を開催。

http://members.jcom.home.ne.jp/ 0127723601/

**條 克己**（じょう かつみ）
1944年、徳島県生まれ。
少年時代から野山や海で遊び自然に親しむ。武蔵野美術大学卒業後、出版社に勤務。現在はフリーとして栽培を試みながら企画・編集に携わる。
著書に『山野草の庭つくり』（農文協）がある。

手軽に楽しむ
**苔園芸コツのコツ**
苔玉・苔鉢盆栽・苔盆景・木付け・石付け・テラリウム・苔庭

2015年8月10日　第1刷発行

著者　手塚直人・岡田雅善・條克己
編者　一般社団法人　農山漁村文化協会

発行所　一般社団法人　農山漁村文化協会
郵便番号　107-8668　東京都港区赤坂7丁目6-1
電話番号　03(3585)1141(代表)　03(3585)1147(編集)
FAX　03(3585)3668　振替00120-3-144478

ISBN978-4-540-15174-3
〈検印廃止〉

Printed in Japan

製作／條 克己
印刷／光陽メディア
製本／根本製本㈱
定価はカバーに表示

乱丁・落丁本はお取り替えいたします。

## 農文協・家庭園芸書案内

**選ぶ　飾る　楽しむ**
### 観葉植物入門
米村浩次著
手軽にできるグリーンインテリアの作り方・飾り方、おすすめ96種の選び方・育て方、よくある失敗Q＆Aを豊富な写真とイラストで紹介。
１８００円＋税

### 花も実もある よくばり！ 緑のカーテン
**野菜と花おすすめ23品目**
サカタのタネ緑のカーテン普及チーム
甘いミニメロン、香り高い白花ユウガオなど緑のカーテンの多様な楽しみ方を紹介。おすすめ品目栽培のコツ、よくあるQ＆Aも。
１５００円＋税

**種《たね》から育てる**
### 花つくりハンドブック
渡辺とも子著
草花１６９種の種からの育て方を詳細に解説。種まきの季節ごとに、今すぐ育てられる花が早わかり。夏越し・冬越しの方法も紹介。
１４００円＋税

### 病害虫を防いで楽しいバラづくり
**防除と管理12カ月**
長井雄治著
病害虫の専門家であり趣味のバラ栽培のベテランが、病害虫を出さない毎月の管理と、病害虫の症状や被害、防除方法をやさしく解説。
１４００円＋税

### アジサイの魅力
**人気の１５０種　楽しみ方と育て方**
高橋章著
現在入手可能な１５０余種の特徴とともに、紅葉を楽しんだり、盆栽やドライフラワーにしたりなど、最近の新しい楽しみ方を提案。
１４００円＋税

**忙しくても続けられる**
### キヨミさんの 庭づくりの小さなアイデア
長澤淨美著
日陰だから楽しめる植物や、狭い場所を生かすタネまき法など、主婦感覚で始めるローコスト・ローメンテの庭づくり。
１６００円＋税

### 里庭ガーデニング
**四季の生きものと暮らす庭つくり**
神保賢一路・神保優子著
里庭を彩るのは自然に生えた四季の植物や、訪れて住みついた動物たち。手を加えるのは最小限、生きものとつくる里庭ライフ。
１５００円＋税

**家を飾る小さな庭つくり**
### フロントガーデン
宇田川佳子・丸山美夏著
スペースがなくても植え枡やコンテナの活用で、玄関や駐車場を植物で彩れる。植え枡の作り方から無農薬での管理の仕方まで。
１４００円＋税

### 図解 樹木の診断と手当て
**木を診る　木を読む　木と語る**
堀大才・岩谷美苗著／小川芳彦絵
木の幹・枝・根・年輪・葉・芽などに刻まれた形や痕跡の意味を説き、木の育つしくみや木に優しい管理法を図解でわかりやすく解説。
１５００円＋税

**カラー図解**
### 庭木の手入れコツのコツ
船越亮二著
枝が伸びて大きくなる庭木は毎年の切り詰め・手入れが必要。35種の性質と仕立て方、切り方を初心者にもわかりやすく図解。
１５００円＋税

### 庭木の自然風剪定
峰岸正樹著
樹種別の自然樹形の見方や生長のしかたをわかりやすく説き、自然樹形をつくり維持していく剪定方法を図解で丁寧に紹介。
１３３３円＋税

**カラー図解**
### 詳解　庭のつくり方
石田宵三著
庭木１００余種の特性・選び方や配置法、植え方、管理法から、我が家の庭を自分でつくる手順や施工の秘訣をわかりやすく解説。
１８００円＋税

（価格は改定になることがあります）